# *Histoire du judaïsme*

ERIC SMILEVITCH

*Pour mes parents.*

REMERCIEMENTS

Cette nouvelle histoire du judaïsme n'aurait pas vu le jour sans l'heureuse initiative de Hervé Landau ; elle doit aussi beaucoup aux remarques de Yona Abitbol et Michael Broll. Qu'ils en soient tous remerciés.

ISBN 978-2-13-058977-8

ISSN 0768-0066

Dépôt légal – 1re édition : 2012, février

# INTRODUCTION

On croit pouvoir décrire le judaïsme comme une religion, mais, dans la langue commune, ce terme désigne en général un ensemble spécifique de croyances et de rites. En réalité, le judaïsme est davantage une forme de civilisation, une culture globale qui enveloppe à la fois un enseignement doctrinal, un système de lois très développé, un mode de vie particulier et un système social étendu. Il est fondé sur des formes de savoirs et des modèles intellectuels, éthiques et politiques, instruits par des textes écrits et des traditions orales ; et sur une société particulière, définie par le peuple juif et par les convertis de toute nation qui se joignent à lui. Cette société, à son tour, est déterminée dans ses valeurs, ses usages et ses mœurs par un lien social puissant, un culte et une foi enracinée dans une très longue histoire, et une législation rigoureuse incluant tous les aspects de la vie. C'est l'ensemble de cette tradition et de cette histoire que le judaïsme nomme « Torah ».

Cette culture globale est plurimillénaire. Une bibliothèque juive traditionnelle contient à la fois des ouvrages de la Haute Antiquité (Bible) et de l'Antiquité tardive (Talmud, *Midrash*), relayés depuis l'époque médiévale par un très grand nombre de textes et d'études, qui vont du commentaire biblique ou talmudique au traité philosophique ou kabbalistique. Cette culture trimillénaire se poursuit aujourd'hui dans tous les domaines précités. Mais la civilisation du judaïsme ne s'arrête pas à la bibliothèque. Si l'on nous permet cette image, elle est aussi présente depuis toujours, avec la même intensité, dans la cuisine, la salle de bains et la chambre à coucher, ainsi que dans les tribunaux, les synagogues et les lieux d'étude. Elle investit tous les lieux physiques, spirituels, psychologiques, moraux et sociaux de l'existence « juive ». La tradition hébraïque enveloppe toutes les dimensions de la vie, depuis les idées les plus hautes de la métaphysique jusqu'aux détails les plus pointus de la relation de chacun à son corps, aux objets du monde et à autrui.

1. **Ouverture chronologique et longue durée.** – Au regard de l'histoire, le judaïsme est l'une des rares traditions issues de la Haute Antiquité ayant survécu à la destruction de son foyer national et aux mutations des grandes civilisations qui l'accueillirent. Cette capacité de survie, malgré la dispersion et l'exil, les persécutions matérielles et spirituelles, suscite l'étonnement. En profondeur, l'histoire du judaïsme est souvent mal connue, et plus précisément son histoire interne. Et elle est souvent confondue avec l'histoire juive. En tant que religion révélée, le judaïsme commence avec Moïse au mont Sinaï. Il se réfère ainsi à une tradition spécifique qui se donne elle-même le nom de « Torah » ou « enseignement ». L'histoire de cette tradition accompagne et jalonne le développement de l'aire méditerranéenne, puis européenne, de la Haute Antiquité à nos jours. Il importe de distinguer l'histoire de cette tradition, que l'on peut nommer « judaïsme », ou « tradition juive » ou « Torah », de l'histoire du peuple juif, c'est-à-dire de l'histoire politique et sociale des Juifs, dont bien des péripéties sont connues. D'abord parce que tous les Juifs ne reconnaissent pas forcément le judaïsme pour leur culture, certains le rejettent (partiellement ou en totalité)

et pratiquent d'autres voies tout en affirmant relever socialement ou politiquement du peuple juif et de son aventure particulière. Ensuite, parce que le judaïsme est un mode de pensée et de vie qui se place à l'échelle d'une société élargie, non limitée géographiquement ou chronologiquement. L'enseignement de la tradition hébraïque est donné d'emblée à l'ensemble de toutes les générations d'Israël, et à « l'immigrant étranger » qui déciderait de se fondre parmi eux et d'y inclure sa descendance.

*L'Éternel, notre Dieu, a contracté avec nous une alliance à l'Horeb. Ce n'est pas seulement avec nos pères que l'Éternel a contracté cette alliance, c'est avec nous-mêmes, nous qui sommes ici, aujourd'hui, tous vivants (Deutéronome V, 2-3).*

Par une loi de nécessité interne, la tradition du judaïsme traverse l'histoire et polarise autour d'elle les individus et les communautés, sans jamais se réduire ni s'identifier à leur histoire factuelle. « Plus vaste que la mer » : tel est le qualificatif appliqué à la Torah, en particulier à la tradition orale, pour exprimer l'ampleur et la richesse de son mode de pensée. Et puisqu'elle est « l'héritage de l'assemblée de Jacob », elle traverse l'ensemble des générations du peuple juif en s'enrichissant et en se diversifiant, incluant au fil des exils successifs de nouvelles langues et des références culturelles inédites.

L'ouverture chronologique est un thème récurrent de la Loi. Celle-ci associe en permanence passé et présent, prenant modèle du passé pour façonner le présent, et réciproquement, en assignant pour tâche au présent de vivifier le souvenir. Elle tient l'avenir sous sa coupe par le même procédé. Du coup, même s'il est fréquent que des mouvements historiques prétendent « représenter la Torah », celle-ci les déborde toujours par définition. Son histoire ne dépend pas des aléas sociaux, psychologiques et matériels d'un groupe social déterminé. Elle obéit à des rythmes temporels de plus longue durée que ceux des communautés juives, y compris lorsque celles-ci se réfèrent explicitement à sa tradition. De façon générale, des événements historiques qui impliquent parfois la vie et la mort des communautés représentent souvent une simple inflexion, occasionnellement une transformation, à l'échelle de la civilisation du judaïsme. Le privilège de la longue durée est d'autant plus pertinent que cette culture est construite sur le principe d'un enchaînement obligatoire des générations. Depuis la révélation du Sinaï, chaque père a l'obligation d'enseigner à ses enfants « ce que ses yeux ont vu » et ce que la tradition lui a appris. Le rythme chronologique naturel de la tradition juive est donc celui de sa transmission, laquelle provient de la Haute Antiquité.

2. **Théorie et pratique.** – La nature particulière de la doctrine révélée est de faire corps immédiatement avec une pratique, y compris dans les domaines les plus métaphysiques. Il s'agit des commandements ou préceptes de la Torah, appelés *mitsvot*. L'existence et l'unité de Dieu, le respect du shabbat et des fêtes, la nourriture casher, les interdits sexuels et matrimoniaux, la récitation du *Shema*, la prière, la pratique du don et de la charité sont parmi les plus connus. Mais l'étude de la Torah, la réflexion et la quête de la sagesse et du savoir sont aussi un précepte de la Torah. Mieux encore, étudier et enseigner sont des préceptes fondamentaux, dont l'importance égale celle de tous les autres commandements réunis. L'étude et la réflexion sont donc des obligations ou des devoirs religieux, concurrents des autres

devoirs ou obligations de la Torah, et qui ont parfois préséance sur eux. En un sens, c'est donc la pratique qui enveloppe l'ensemble des domaines intellectuels, moraux, religieux, sociaux et politiques du judaïsme. Car tout est, à un degré ou à un autre, une pratique et un usage du judaïsme, y compris la philosophie et, son inverse, la critique de la philosophie. Maïmonide, par exemple, considère l'étude de la physique et de la métaphysique comme une partie du précepte d'étudier la Torah[1]. Cependant, les opposants à Maïmonide, qui luttaient contre l'esprit philosophique, ne considéraient pas moins les questions « physiques » et « métaphysiques » comme des problèmes doctrinaux majeurs du judaïsme que la tradition leur prescrivait de connaître et de penser. Pour répondre à cet impératif, ils conçurent donc une forme de réflexion à la limite entre cosmologie et métaphysique, comme en témoignent, par exemple, les textes de Kabbale.

Dans le cadre de la Torah, nul n'est philosophe ou critique de la philosophie par goût, en plus de ses engagements spirituels et moraux, mais très exactement à cause de ces engagements et pour répondre aux impératifs explicites de la Torah. Ainsi, la pratique des commandements de la Torah est susceptible d'inclure tous les domaines de la réflexion et de la pensée, même les plus théoriques. Mais inversement, la pratique des commandements de la Torah tombe sous la juridiction de l'étude. Car, une fois donnée la prophétie de Moïse, la législation du judaïsme dans tous les domaines est l'œuvre des « sages », c'est-à-dire des savants versés dans la connaissance du judaïsme. Dès lors, l'étude et

1. Cf. *Mishné Torah*, *Hilkhot Talmoud Torah* I, 12.

la réflexion gouvernent à leur manière l'ensemble des « pratiques » et des « usages » de la tradition, dans tous les détails juridiques, éthiques, liturgiques, etc., y compris le commandement d'étudier. En sorte que la façon dont chaque auteur ou chaque époque conçoit la tradition et ses préceptes modifie les pratiques concrètes.

Chapitre I

# STRUCTURE D'UNE TRADITION

Pour appréhender l'histoire du judaïsme, il faut la distinguer soigneusement de deux domaines, riches et vastes : *primo*, l'histoire du peuple juif ; *secundo*, l'histoire des religions et des cultures issues de la Bible. Certaines choses vont de soi. Que la tradition hébraïque soit distincte du christianisme est une évidence. Le christianisme est pourtant, à son origine, un phénomène propre au peuple juif et une redéfinition des fondements du judaïsme. Mais, du sein de la tradition, il est perçu comme une déviation fondamentale. Il est assimilé aux courants antinomiques qui prônent un changement radical dans la nature de la loi et une rupture avec le judaïsme ancestral. L'antinomisme est un phénomène récurrent de l'histoire juive, souvent associé au messianisme. L'histoire de ces « faux messies » n'est évidemment pas sans conséquence sur l'évolution intellectuelle du peuple juif. Certains de ces mouvements, tels le sabbataïsme ou le frankisme aux XVII^e^-XVIII^e^ siècles, eurent un impact durable sur la société juive de certains pays et sur leur culture. Cependant, leur scission avec la tradition les place hors de celle-ci ; ils sont régulièrement dénoncés et combattus, sinon carrément ignorés. Pour qui étudie l'origine de ces mouvements spirituels et politiques, il va de soi qu'ils se rattachent à l'histoire du judaïsme.

Tout comme le christianisme. Et que seul le judaïsme de l'époque les a rendus possibles. Mais ce rapport est asymétrique. Car leur rupture avec la tradition les écarte de tout commerce intellectuel avec l'évolution et les courants internes du judaïsme. La rigueur impose de distinguer la tradition de la Torah des multiples « branches » qui ont poussé sur le tronc de l'héritage biblique, y compris lorsque celles-ci furent le fait historique d'une partie du peuple juif.

## I. – Schismes et tradition

Hormis les manifestations antinomiques, qu'il n'est pas nécessaire d'aborder ici, les « schismes » qui traversent régulièrement l'histoire juive obéissent en général au même principe : le rejet ou l'ignorance de la tradition orale. On retiendra comme exemplaires de ce phénomène le schisme karaïte et le judaïsme alexandrin. Du point de vue de l'histoire du peuple juif, il va de soi que le karaïsme et le judaïsme alexandrin furent des faits culturels et sociaux majeurs. Mais ce que l'histoire des hommes, dans leurs pratiques religieuses, sociales et politiques, reconnaît comme événement ou fait pertinent n'a aucun rapport avec ce que la tradition juive admet comme légitime. Au regard de celle-ci, il ne suffit pas d'être juif ou de se réclamer de la Bible pour prendre part à l'histoire du judaïsme.

1. **Le karaïsme.** – Les karaïtes se réclament explicitement de la seule Torah écrite. Ils tirent leur nom du mot hébreu *mikra*, qui désigne l'écrit, à partir de la racine *kara* : « lire ». Fondée au milieu du VIIIe siècle à Bagdad, cette faction rompit avec la tradition orale en prônant le retour au texte biblique et à sa lecture

« première ». Les auteurs karaïtes furent, en général, des commentateurs qui créèrent des modèles herméneutiques fondés sur l'analyse grammaticale. Du point de vue philosophique, ils adoptèrent principalement les modes de raisonnement de la théologie musulmane, alors dominante. Le mouvement se développa principalement en Orient (Perse, Europe orientale), entraînant derrière lui une partie du peuple juif, jusqu'à sa disparition presque complète au XXe siècle. Au regard de la tradition rabbinique, les karaïtes ne sont que l'une des multiples branches mortes du judaïsme, dont le principe récurrent traverse déjà les schismes sadducéens et chrétiens. En rompant avec la tradition orale, les karaïtes se sont exclus de la tradition juive et se sont détachés de l'enseignement de Moïse. Ce consensus négatif n'exclut pas une influence, parfois directe, des auteurs karaïtes sur les commentaires bibliques, en particulier au Moyen Âge. Plus profondément, la polémique antikaraïte menée par les académies orientales et par le judaïsme espagnol, en se plaçant sur le terrain de l'adversaire (analyse grammaticale et dogmatique musulmane), introduisit des problématiques littéraires et philosophiques nouvelles dans le champ du judaïsme, dont l'un des meilleurs exemples est l'œuvre de Saadia Gaon au Xe siècle.

2. **Le judaïsme alexandrin.** – S'il est vrai que le karaïsme a explicitement marqué la tradition du judaïsme, en l'obligeant à renouveler l'approche de certaines questions majeures, il n'en est pas de même d'autres branches de l'héritage biblique. Le judaïsme alexandrin (de la ville égyptienne d'Alexandrie) fournit le modèle d'une aire culturelle juive particulièrement riche, qui se développa à l'écart du judaïsme rabbinique et n'eut aucune influence sur lui. L'origine du judaïsme alexandrin est

très ancienne. Elle remonte à l'époque du premier exil, lorsqu'une partie du peuple juif fuit la conquête babylonienne et se réfugie en Égypte à la fin du Ve siècle avant notre ère, selon le décompte du Talmud. La forme culturelle spécifique du judaïsme alexandrin remonte au IIIe siècle avant notre ère, lorsque la Bible fut traduite en grec (« Septante »). Cette traduction fut le point de départ d'un vaste mouvement culturel dans l'ensemble du monde hellénistique, puis romain, qui donna naissance au christianisme. Lisant et commentant la Bible en grec, les juifs alexandrins produisirent des œuvres philosophiques remarquables, principalement celle de Philon (au début de notre ère). Mais ces œuvres furent conçues hors de toute référence à la tradition orale, que la plupart de ces auteurs ignoraient, en sorte qu'elles ne furent jamais intégrées au corpus des œuvres reçues du judaïsme. L'œuvre immense de Philon d'Alexandrie, première rencontre entre la Bible et la philosophie (en l'occurrence platonicienne), a été recueillie par les chrétiens, qui voyaient en elle une doctrine biblique légitime, tandis que le judaïsme non hellénistique ne lui fit aucune place. Que Philon soit un auteur juif attaché à la Bible est évident. En outre, contrairement aux karaïtes, il n'affiche aucune prétention schismatique. Mais sa lecture de la Bible ne soupçonne jamais l'existence d'une tradition orale et se situe du coup hors du champ du judaïsme.

3. **Histoire et tradition.** – Le judaïsme ne se présente pas comme une histoire au sens habituel du terme, mais comme une tradition. La différence majeure est qu'entre des auteurs ou des doctrines appartenant à une même aire culturelle, l'histoire ne requiert aucune sorte de connexion. Leur appartenance à une aire culturelle

commune, ou tout simplement linguistique, suffit à les rassembler chronologiquement. Hugo, Céline, Voltaire, Breton, Ponge et Chateaubriand appartiennent à l'histoire littéraire française. Un rassemblement aussi hétéroclite ne fait pas sens dans une tradition. Le présupposé d'une tradition requiert d'éliminer des rapprochements non motivés. Il oblige à anticiper l'unité d'un objet ou d'un genre et à en vérifier perpétuellement l'accord. La tradition du judaïsme tresse une trame serrée, en se définissant explicitement par l'exigence d'une relation forte entre les auteurs ou les doctrines, qui se répondent ou se contredisent autour d'un héritage commun. Des siècles séparent souvent les auteurs en discussion ; les reformulations et les refontes sont le terreau où se développent les positions parfois les plus contradictoires. Mais le lien commun n'est jamais rompu. Est-ce dire qu'aucune forme de pensée « étrangère » à l'héritage antique écrit et oral ne peut légitimement trouver place dans la tradition hébraïque ? En aucun cas. Il suffit, à l'inverse des exemples précités, qu'une pensée quelconque entretienne un dialogue sérieux avec la tradition orale pour s'y intégrer.

4. **Comparaison avec le judaïsme espagnol.** – Ce qui explique pourquoi, à la différence du judaïsme hellénistique qui n'est demeuré dans le judaïsme qu'à l'état de trace, la philosophie juive médiévale a, au contraire, imprégné en profondeur la tradition rabbinique. Les œuvres de Saadia Gaon (X^e^ siècle), Maïmonide (XII^e^ siècle), Gersonide (XIII^e^-XIV^e^ siècles), Crescas (XIV^e^-XV^e^ siècles), quoique très fortement philosophiques, font partie intégrante de la tradition juive et continuent à être lues et étudiées, au sein du judaïsme rabbinique, jusqu'à aujourd'hui. Cette pérennité ne tient pas au fait que les

médiévaux préféraient la philosophie d'Aristote à celle de Platon. La différence ne tient pas à la philosophie, mais à l'usage qui en est fait. Tous les auteurs concernés ont su instituer un dialogue rigoureux et méticuleux entre l'aristotélisme et les thèses, les thèmes et les textes de la tradition écrite et orale. Dans leurs œuvres, dont le modèle est sans doute *Le Guide des égarés* de Maïmonide, les concepts philosophiques circulent en permanence dans les chemins tracés par la Bible et le Talmud. Inversement, les attendus et les réquisits de la tradition orale investissent de leurs questions les textes d'Aristote et de ses commentateurs grecs et arabes.

Cette intrication entre Torah et philosophie a marqué tout le judaïsme ultérieur. Il y eut, évidemment, des partisans et des adversaires de la philosophie. Mais cela ne changea rien à l'insertion de la pensée philosophique dans le champ du judaïsme. Le paradoxe est que des concepts aussi exclusivement aristotéliciens que les quatre éléments (eau, terre, feu, air), ou les notions de matière et de forme, ou la différence entre la potentialité et l'acte, etc., sont employés massivement par une bonne partie des adversaires de la philosophie, y compris dans la Kabbale. Les œuvres de Na'hmanide (XIII^e^ siècle) et du Maharal de Prague (XVI^e^ siècle), si critiques à l'égard de Maïmonide et de ses disciples, en fournissent l'exemple flagrant. Cela ne tient pas au fait que la philosophie d'Aristote serait plus adaptée au judaïsme. Mais cela provient de la façon dont ces concepts ont été mis en résonance avec la tradition hébraïque par les grands auteurs du judaïsme médiéval.

Les exemples contradictoires du judaïsme alexandrin et du judaïsme espagnol illustrent un aspect fondamental de la nature de la tradition juive. Contrairement à toutes les autres branches issues de l'héritage biblique, et comme cela se vérifiera sans cesse, le judaïsme accorde la préséance à un dialogue soutenu avec la tradition orale plutôt qu'avec la tradition écrite.

## II. – L'écrit et l'oral : structure générale

Pour comprendre la position exorbitante de l'oralité, et l'intrication profonde de l'écrit et de l'oral, il faut se représenter précisément le format d'un texte « écrit ».

1. **L'écrit et le lu.** – Les règles d'écriture des textes bibliques appartiennent aux traditions les plus anciennes et les plus rigoureuses. Le texte des rouleaux de la Torah se présente comme une série de lettres uniquement consonantiques, regroupées en mots, dépourvues de toute vocalisation et de toute ponctuation. Les chaînes de mots (groupes de consonnes) se suivent de façon continue, sans la moindre indication de fin de phrase, et forment des blocs entrecoupés d'espace ou de passages à la ligne, comme des paragraphes. Le texte ne comporte pas non plus de découpage en chapitres. Celui-ci a été introduit par les premiers imprimeurs dans le but d'indiquer les références de chaque verset. Ils divisèrent ainsi le texte biblique par groupes d'environ 25 ou 30 versets, dont ils firent arbitrairement les chapitres des livres. Les seules divisions du texte sont donc ces paragraphes *(parashiot)* et la répartition en livres distincts. Tel est le texte « écrit » de la Torah.

Ce format tient d'abord à la nature de l'alphabet hébraïque. Contrairement aux alphabets grec et latin, celui-ci est uniquement consonantique. Un texte écrit ne comporte originellement aucune sorte de voyelle.

Le système d'écriture des points vocaliques pratiqué aujourd'hui est une invention tardive (VIII^e^-X^e^ siècle), tout comme l'écriture des signes de cantillation marquant le rythme et la ponctuation. En outre, les règles de la transmission du texte biblique interdisent de consigner ces deux compléments dans le texte des rouleaux de la Torah, qui reste le seul « écrit » à proprement parler. Or, contrairement à ce que l'on imagine aujourd'hui, ce texte n'est pas destiné uniquement à un usage liturgique, lors des lectures publiques à la synagogue. Il est et demeure le livre de base de toutes les interprétations. Lorsque l'on parle ici du texte *écrit* de la Bible, on n'évoque donc que cette série continue de mots divisée en paragraphes, sans aucune indication de prononciation ni de ponctuation. La constitution d'une phrase, qui est le minimum requis pour que soit exprimé un sens, est donc laissée à la charge de la *lecture*. L'origine de cette lecture est, purement et simplement, une tradition orale.

Le texte *écrit* de la Bible est transmis et conservé par la Massorah (« transmission ») d'écriture. Cette tradition est si ancienne et si rigoureuse que, malgré la dispersion et l'exil, il n'y a, proportionnellement, que peu d'endroits d'hésitation et peu de différences entre les versions. Le texte *lu* de la Bible (voyelles, ponctuation et accents) constitue la seconde partie de la Massorah. Cette tradition est aussi ancienne et aussi rigoureuse que l'autre, mais, puisqu'elle est orale, sa conservation est sujette à davantage d'hésitations. Celles-ci sont en général de deux sortes. Soit il s'agit de divergences entre la tradition écrite et la tradition lue, en sorte que l'écriture et la prononciation de certains termes diffèrent, parfois de façon brutale. Soit il s'agit de divergences d'accentuation des mots ou d'écriture des lettres défectives. C'est à ce genre de symptômes que l'on reconnaît que lecture et écriture sont des traditions autonomes : elles ne se confondent pas, et leurs différences se conservent sans s'annuler.

2. **Les deux Torah.** – La tradition orale enveloppe donc originairement le texte écrit, puisque c'est elle qui fournit la lecture du texte. Sans cette tradition, il serait possible de pratiquer des lectures intégralement différentes de celle qui est admise et reconnue. Le Talmud (*Shabbat* 31a) met plusieurs fois en scène cette dualité, montrant que celle-ci commence au niveau même de la lettre :

« Un étranger se présenta devant Shamaï et lui demanda : combien de Torahs (au pluriel) avez-vous ? Deux, lui répondit-il, la Torah écrite et la Torah orale. L'étranger déclara : Pour celle qui est écrite, je te crois, mais pas pour celle qui est orale ; convertis-moi à condition de m'enseigner uniquement la Torah écrite. Shamaï le chassa en le réprimandant. L'étranger se présenta alors devant Hillel et celui-ci accepta de le convertir selon ses conditions. Le premier jour il lui enseigna les premières lettres ; mais le lendemain, il inversa leur ordre. L'autre s'exclama : Eh ! Hier tu m'as dit le contraire ! Hillel répondit : C'est donc que tu as confiance en moi, dans ce cas fie-toi aussi à moi pour la Torah orale. »

La tradition orale est une nécessité intrinsèque du texte écrit. Elle n'est pas une « invention » tardive. Elle commence avec Moïse, elle est une partie de son enseignement et accompagne le Pentateuque dont elle fournit le complément et l'interprétation adéquate. La simple compréhension des mots du texte, leur sens et leur lecture, est soutenue uniquement par la tradition orale. Mais il est vrai que cette notion a deux acceptions distinctes.

3. **Les deux sortes d'enseignement oral.** – Au sens propre, la « Torah orale » se rattache directement à l'enseignement de Moïse et se réclame de son nom. Outre la lecture traditionnelle de l'ensemble du livre, elle inclut les précisions indispensables à sa compréhension et à sa mise en pratique ; comme par exemple la signification matérielle des métaphores du texte (« vous placerez ces paroles sur vos cœurs ») ou bien des règles de droit non explicites associées à certains passages. Dans l'introduction de son commentaire, Ibn Ezra fait constater, par exemple, que la Bible tient un compte rigoureux des mois et des années ; ce qui suppose une méthode établie touchant la façon de fixer les mois et de constituer des années. Or, rien dans le texte ne permet de déduire précisément ces modes de calcul. Le texte s'appuie implicitement sur un savoir et une pratique définis, strictement oraux. Cette première forme d'oralité est assimilée complètement à l'enseignement de Moïse, elle est d'origine prophétique et a un rang égal au texte biblique dont elle est l'appendice indispensable.

La seconde forme de tradition orale est constituée par l'ensemble des décisions coutumes, rites, enseignements, interprétations, doctrines formés au cours des siècles par les maîtres du judaïsme et par les actes des tribunaux. Les éléments de cette tradition ne relèvent pas directement de la prophétie de Moïse, ils sont l'apanage des sages de toutes les générations jusqu'à aujourd'hui. Contrairement à la première, cette forme d'oralité n'est pas soustraite au temps, elle se développe au contraire avec lui. C'est la tradition historique du judaïsme, elle est constituée des controverses entre les maîtres ou entre les tribunaux, et de leur histoire, ainsi que des décrets des sages faisant suite à des situations particulières.

Elle témoigne du conflit des interprétations, de leurs évolutions, de la formation d'écoles de pensée distinctes et concurrentes, etc. Dans le sillage de cette tradition historique s'est formée la distinction fondamentale entre les deux grands principes *formels* de l'autorité légale et spirituelle : l'autorité découlant de la Torah (*dé-oraïta*, en araméen) et celle découlant des maîtres du judaïsme *(dé-rabbanân)*.

4. **Écriture et langue.** – Quelle que soit sa forme, la tradition orale est le cœur vivant de la tradition écrite : le mode d'écriture lui-même est une tradition. Et cette tradition peut évoluer, comme en témoigne la controverse suivante dans le traité *Sanhédrin* 21b :

> « Au début la Torah a été donnée à Israël dans le syllabaire hébraïque et dans la langue sainte (hébreu) ; puis elle leur fut donnée à nouveau à l'époque d'Esdras dans l'écriture ashourit (l'alphabet actuel) et en langue araméenne. Israël a préféré finalement l'écriture ashourit et la langue sainte, et abandonna aux simples gens (*i.e.* les Samaritains) le syllabaire hébraïque et la langue araméenne [...] Rabbi Èlazar Hamodaï dit : L'écriture n'a absolument pas changé ; dès l'origine la Torah était écrite en ashourit, car il est dit : "On appela les scribes du roi et ils écrivirent tout ce que Mardoshée ordonnait aux Juifs, chaque pays selon son écriture et chaque peuple selon sa langue, ainsi qu'aux Juifs selon leur écriture et selon leur langue" (Esther VIII, 9). De même que leur langue n'a pas changé, pareillement leur écriture n'a pas changé. »

L'oral enveloppe l'écrit de toutes parts, définissant la forme des lettres et le découpage en sections, fixant la lecture des textes, le sens des mots, les règles légitimes d'interprétation, et créant à chaque génération de nouveaux modèles de pensée pour prendre possession d'elle-même et du texte écrit. Cette symbiose, qui privilégie l'oral, est originelle.

## III. – Le postulat de la tradition juive

Le point de départ est qu'il existe « un » judaïsme, qui se reconnaît comme tel et revendique sa tradition, de l'origine jusqu'à nos jours. Même si elle est traversée de multiples tendances et de courants ouvertement contradictoires, l'unité de cette tradition est attestée par les textes, les doctrines, les coutumes, les lois et les mœurs que les fidèles considèrent comme « reçus ». Une synthèse, capable d'embrasser l'histoire du judaïsme dans sa totalité, présuppose nécessairement d'organiser l'ensemble des œuvres et des pratiques à partir du point de vue dans lequel se reconnaît lui-même le judaïsme.

1. **Point de départ et périodisation.** – Si l'on accepte de se fonder sur les textes, les pratiques, les méthodes et les traditions propres à la culture hébraïque, il ressort que le noyau central du judaïsme est la tradition qui se déclare issue de la Torah orale et écrite de Moïse, qu'on appelle « tradition juive » ou « hébraïque ». Par un dialogue constant et rigoureux avec ce noyau, le judaïsme se réfléchit lui-même et conçoit ses évolutions et ses changements selon des critères singuliers, qui ne sont pas ceux de la culture universelle, mais qui découlent de la nature particulière d'une civilisation du livre, édifiée sur une révélation prophétique et enveloppée dans une tradition orale extrêmement développée. Le point de départ et de repère absolu est donc l'axiome de la révélation du Sinaï. Comme le veut la formule des *Pirké Avot* (« Traité des pères ») :

> « Moïse reçut enseignement *(torah)* du Sinaï, et le transmit à Josué, et Josué aux Anciens, et les Anciens aux Prophètes, et les Prophètes l'ont transmis aux gens de la Grande Assemblée, etc. »

C'est sur cette base que le judaïsme conçoit et développe sa propre historicité. Toute la tradition hébraïque se rattache à l'épisode sinaïtique, et en conséquence toute la littérature du judaïsme s'estime, d'une façon ou d'une autre, inspirée.

À partir de ce postulat, la tradition hébraïque distingue massivement trois grandes périodes dans son histoire : l'époque de la Bible ou époque des prophètes ; l'époque de la *Mishna* et du Talmud ou époque des sages ; et l'époque que, faute de mieux, nous désignons sous le nom des « exégètes ». Cette dernière se divise à son tour en trois périodes : celle des Geonim (« Éminences »), celle des Rishonim (« Premiers ») et celle des A'haronim (« Derniers »).

On peut scinder cette représentation en sept périodes plus succinctes, par un repérage à la fois historique et géographique. La datation antique est tirée de la Bible et du Talmud :

1. l'époque de la Torah (« Pentateuque » en grec) correspond à celle de la sortie d'Égypte jusqu'à la mort de Moïse. Elle couvre deux générations et se déroule principalement dans le désert du Sinaï. La tradition situe le don de la Torah en l'année 2449 après la création du monde, soit l'an 1311 avant notre ère ;
2. l'époque des prophètes et des rois se déroule presque exclusivement en terre d'Israël. Elle commence avec Josué, l'élève de Moïse, et la conquête de Canaan ; elle se poursuit avec les rois David et Salomon, la construction du Temple, la scission des deux royaumes ; elle se prolonge jusqu'à l'époque du prophète Jérémie, contemporain de la destruction du Temple et de l'exil en Babylonie ; enfin, elle s'achève avec Esdras et Néhémie lors du retour en Terre sainte et de

la construction du 2e Temple. La période des écritures bibliques est close mille ans après la sortie d'Égypte, soit en l'an 3449 de la création (311 avant notre ère) ;

3. l'époque de la *Mishna* commence avec « la Grande Assemblée » fondée par Esdras et s'achève avec les derniers Tanaïm à l'époque de rabbi Juda, qui dirigeait le Sanhédrin au IIe siècle de notre ère. Son aire géographique est presque exclusivement la terre d'Israël ;
4. l'époque des deux *Gemarot* ou « compléments » de la *Mishna*, qui donnent naissance aux deux Talmuds (dits de « Jérusalem » et de « Babylone »), commence avec les premiers élèves de rabbi Juda, l'auteur de la *Mishna*, et dure jusqu'aux derniers Amoraïm et Saboraïm au début du VIIe siècle de notre ère. Elle couvre deux aires géographiques : la terre d'Israël et la Babylonie ;
5. l'époque des Geonim, qui dure environ cinq siècles, prolonge l'œuvre des académies de Babylonie jusqu'au début du XIe siècle ;
6. l'époque des Rishonim se développe en Espagne, en France, en Allemagne et en Italie à partir du XIe siècle et s'achève avec l'expulsion d'Espagne en 1492 ;
7. l'époque des A'haronim commence après l'expulsion d'Espagne, dans les pays d'Europe, du Maghreb et du Moyen-Orient, et dure jusqu'à nos jours.

Ces divisions ne constituent pas des « tranches » historiques prélevées sur une temporalité supposée homogène, mais des catégories. Elles montrent les strates effectives selon lesquelles la tradition, telle qu'elle est reçue présentement, s'est formée et déployée.

2. **Unité et diversité.** – Il n'est pas nécessaire de « croire » dans le postulat de la révélation pour

comprendre l'histoire du judaïsme, mais il est nécessaire de le tenir pour le présupposé fondamental. Tout ce qui se déploie légitimement sous le nom de « judaïsme » prend appui sur l'enseignement de Moïse et sur la littérature qui le prolonge et l'enrichit (Talmud et *Midrash*, générations de commentateurs et de décisionnaires). Cette tradition n'est ni monolithique ni répétitive. Indépendamment de tout apport extérieur, le privilège de la Torah orale défait inlassablement le cercle dans lequel l'écriture reste implicitement prise. Même une fois la tradition écrite close et scellée, la tradition orale reste perpétuellement ouverte, elle se déploie et se restructure à chaque génération. À travers cette culture orale, dans son dialogue avec les textes, les maîtres et les traditions du passé, l'enseignement est relancé et perpétué. Le judaïsme se regarde lui-même comme une culture de tensions et de contradictions, un terrain propice aux affrontements d'opinions diverses sur tous les sujets. Cette disponibilité crée aussi une sphère d'accueil à tous les courants de pensée initialement étrangers au judaïsme, comme on en a donné l'exemple plus haut. Cette ouverture intrinsèque requiert, pour être acceptée, un esprit particulièrement large. Le Talmud (*'Haguiga* 3b) en donne une description édifiante : les paroles de Torah, dit-il, prolifèrent sans cesse, elles se multiplient de génération en génération, grâce à l'affairement de tous ceux qui les profèrent et leur cherchent un sens. Naturellement, les controverses abondent, y compris sur le plan des pratiques et des mœurs :

« Les uns déclarent telle chose impure, les autres pure ; les uns interdisent telle chose, les autres l'autorisent ; les uns déclarent une chose invalide, les autres valide. On se demandera peut-être comment, dès lors, apprendre la Torah ? L'enseignement dit que toutes ces paroles ont été données par un seul pasteur.

Un seul Dieu les donna, un seul dirigeant les prononça […] Toi aussi, en conséquence, fais de ton oreille un vaste entonnoir, et acquiers un cœur perspicace capable d'entendre, à la fois, les paroles de ceux qui déclarent telle chose impure et celles de ceux qui la déclarent pure, les paroles de ceux qui interdisent une chose et celles de ceux qui l'autorisent, les paroles de ceux qui déclarent une chose invalide et celles de ceux qui la déclarent valide. »

La tradition hébraïque est un univers de débats et de controverses qu'il faut embrasser entièrement. Du fait du privilège accordé à l'oralité, des idées et des attitudes nouvelles surgissent à chaque génération, des problèmes qui ne se posaient pas hier se manifestent aujourd'hui, des solutions inédites se font jour à chaque époque. Mais ces idées, ces attitudes, ces questions, ces solutions, d'où qu'elles tiennent leur inspiration, tirent toutes leur légitimité d'une reprise et d'une interprétation nouvelle des paroles et des écrits passés. Cette posture caractéristique du judaïsme est celle de l'interprète, à condition qu'il soit capable, à son tour, de penser des opinions plurielles, sans dogmatisme. Cette posture ne fait jamais défaut : il n'y a pas de génération orpheline insiste le Talmud au même endroit.

Chapitre II

# TEMPS ET MÉMOIRE

Il ressort de ces considérations que le judaïsme ne conçoit pas son histoire au niveau des faits, mais plutôt au niveau de la mémoire. L'enjeu de la tradition impose de soutenir un rapport à l'histoire qui n'a rien de commun avec les modèles hérités d'Hérodote et de Thucydide. Ce rapport privilégié à la mémoire, et plus précisément à la remémoration, exclut par nature les exposés factuels. Même les textes les plus « historiques » de la Bible, par exemple les livres de Josué, Samuel, des Rois ou les Chroniques, qui rapportent les faits et gestes des tribus d'Israël et de leurs rois, ne restituent pas un « passé ». Ils sont plus proches de forger par leurs récits une sorte de conscience ou d'identité culturelle, en donnant une signification précise au fait d'être juif, d'habiter en terre promise ou en exil, de vivre ou non les mœurs prescrites par la Torah, etc. Les événements y ont évidemment leur part ; mais seulement certains d'entre eux, et uniquement s'ils mettent en jeu les problématiques essentielles du judaïsme, telles qu'écouter la voix de Dieu, respecter son enseignement, avoir égard à autrui, etc.

## I. – L'intemporel

Conséquence du pouvoir accordé à l'oralité, le mode d'appropriation des enseignements du judaïsme est celui de l'identification au présent. Les textes sont faits pour être « dits ». La force de la prescription *zakhor* (souviens-toi), qui traverse la Torah, est d'appeler à une activité de la mémoire destinée à rendre le passé toujours présent, et donc à l'arracher en permanence au passé pour lui conférer une signification intemporelle. Le meilleur exemple est le traitement du mot « aujourd'hui » *(hayom)* exposé par le *midrash* et les commentateurs habituels de la Bible. Ce terme, dans le texte biblique, est interprété comme un curseur qui se déplace sur la ligne du temps, de l'Antiquité à nos jours. Chaque génération est invitée à y lire son propre présent, son propre « aujourd'hui », puisque le livre est adressé à toutes les générations du monde[1]. On conviendra que, d'un point de vue purement factuel, aucun livre ne peut ainsi se déborder lui-même et évoquer des époques de l'histoire qui sont son propre avenir de l'aveu unanime. C'est pourtant ainsi que se présente la fin du livre du Deutéronome (chap. 29 *sq.*). À partir de la Bible, tout avenir se lit comme un futur antérieur.

Ce détournement systématique du passé en présent est le mode opératoire de nombre de pratiques liturgiques. Les prescriptions bibliques instaurant les jours de fête développent une conscience du temps si peu factuelle qu'elles produisent finalement un autre ordre de temporalité, sorte de structure mémorielle figée dont le contenu est sans cesse revisité et revécu. Le *séder* de la fête de Pâque est une mise en scène de la sortie d'Égypte, répétée chaque année à la même période. Le pain azyme, les herbes amères, l'agneau

1. Voir, par exemple, Rashi sur Genèse XXII, 14.

pascal à l'époque du Temple, le récit imagé des dix plaies et de la délivrance, tout cela conspire à vivre chaque année une histoire antique, à travers laquelle le peuple juif se découvre lui-même et se définit sans cesse. Structure historique précise, qui contraint chacun à examiner chaque année la représentation qu'il a de lui-même et de sa position dans le monde. Car chacun est sommé de percevoir cette actualisation répétée d'événements passés comme son propre présent. L'injonction du *séder* est explicite : « Chacun a l'obligation de se voir comme s'il sortait lui-même d'Égypte ». Le « comme si » concentre évidemment en lui toutes les questions. Mais il est aussi précisément l'enjeu de la répétition. Car tout passe à travers une récitation elle-même décalée. Le récit du soir de Pâque *(hagada)* n'est pas le simple décalque du récit biblique, c'est déjà un *midrash*, une interprétation. L'événement historique n'est jamais exposé pour lui-même, il est déjà pris en charge par une lecture. De proche en proche, l'ensemble des pratiques liturgiques constitue une sorte de « mémoire continuelle », inlassablement répétée au fil des générations.

## II. – Longue durée et temps régressif

L'injonction d'une remémoration et d'une appropriation permanente à chaque époque exclut toute considération « historique » en détournant le lecteur d'une possible exploitation factuelle du texte. Ainsi, à propos du verset du Deutéronome (VI, 6) « Ces paroles que je te prescris aujourd'hui seront sur ton cœur », le *Midrash* (*Sifri* 33) déclare que les paroles en question « ne doivent pas être à tes yeux comme des édits anciens que nul ne considère, mais comme une nouveauté que tous s'empressent de lire ». Le mode d'interprétation historique est donc franchement proscrit ; les œuvres du judaïsme doivent être lues dans une sorte d'éternelle jeunesse, qui est aussi une invitation à une relance permanente de l'interprétation.

Non seulement on serait bien en peine de trouver des historiens juifs avant l'époque moderne, mais même la stabilité de la catégorie temporelle du passé est ébranlée par la tradition. La perception du temps n'est jamais parfaitement linéaire. Elle autorise et produit des collapsus temporels, en associant les événements ou les figures du passé aux traits du paysage contemporain de l'interprète. C'est ainsi, par exemple, que le personnage biblique d'Ésaü devient, dans la littérature midrashique, la figure de Rome, puis de l'Occident chrétien. Les rapports des communautés juives et du christianisme à l'époque médiévale sont conçus dans le miroir de la lutte entre Jacob et son frère. Certes, chacun sait que Jacob n'est plus. Mais ses enfants ont pris sa place et répètent la même histoire. Le judaïsme n'est pas seulement une culture vieille de plusieurs millénaires, elle requiert de ceux qui y participent de mobiliser en permanence cette longue histoire en leur esprit et dans leur pratique. Ce qui conduit naturellement le judaïsme à privilégier la longue durée et à escamoter en permanence les faits ou les moments qui ne s'y intègrent pas.

Les reconstitutions historiques du passé n'ont donc guère de place dans la tradition juive, et les travaux de l'historiographie contemporaine y sont dépourvus de fonction. Les thèses historiques sont donc perçues comme des spéculations à caractère idéologique. Derechef, chacun est libre d'en éprouver du regret. Cela ne change pas la structure interne du judaïsme et le mode de fonctionnement de sa mémoire. On peut juger que confondre

Rome avec Ésaü relève uniquement de la culture imaginaire de l'interprète et qu'il méconnaît ainsi les processus historiques réels. Mais, dans la tradition hébraïque, le seul passé qui compte est celui qui, d'une façon ou d'une autre, habite encore le présent. Ce qui requiert un renversement de la perspective historienne habituelle : dans une culture qui plonge ses racines dans la plus Haute Antiquité, l'histoire « contemporaine » n'est souvent que l'ultime péripétie d'une dynamique ancienne. Faute de connaître ces dynamiques, on se méprend sur l'histoire contemporaine en manquant d'y voir les manifestations de causes plus profondes. Telle est, par exemple, la méprise ordinaire au sujet du sionisme, avant que les travaux de G. Scholem ne renouvellent notre vision à son sujet. Celui-ci apparaît aux yeux de la plupart des contemporains, y compris ses principaux acteurs, comme une initiative politique spontanée, spécifique au judaïsme européen du XIXe siècle au contact du mouvement des nationalités. Or, G. Scholem a montré qu'il se rattache en fait étroitement au puissant courant messianique qui traverse, sous des formes diverses mais parfaitement repérables, l'ensemble de l'histoire du judaïsme. Ces courants messianiques, dont les manifestations ébranlent régulièrement la pensée et la vie de communautés entières, appartiennent à la longue durée. Il en est de même d'autres manifestations du judaïsme : le rapport à la Loi, la question de l'interprétation des textes, et les structures sociales et politiques de cette tradition.

La mobilité des catégories temporelles du passé et du présent ne s'arrête pas à l'imaginaire de l'interprète, elle touche aussi bien l'imaginaire des acteurs de la scène historique contemporaine. Lorsque le judaïsme touche au réel historique et le marque de son empreinte, c'est aussi par la répétition de ses traits et de ses figures les plus anciens. Les acteurs historiques réinventent régulièrement les situations antiques, parfois à leur insu, en vêtant le présent des habits du passé. Il est ainsi « naturel » pour un Juif de considérer la terre d'Israël comme son héritage, alors qu'il s'agit d'une promesse vieille de trois mille ans. Comme il lui est « naturel » de se considérer en exil, même dans les lieux où la présence juive est attestée depuis des siècles. La permanence du passé définit les acteurs, au prix, parfois, de certains blocages, ou de ce qui peut paraître tel.

Plus révélateur encore, l'évidence d'une temporalité essentiellement répétitive produit des glissements temporels régressifs, en investissant les figures ou les événements anciens de contenus historiques plus tardifs. Il n'est pas rare que des interprétations tardives insèrent, dans leur peinture des figures bibliques, des événements largement postérieurs à la Bible, et projettent ainsi leur présent dans le passé. Dans les *Pirkei de Rabbi Eliezer* (chap. 30), les conquêtes musulmanes du IX$^{e}$ siècle sont référées aux traits particuliers du personnage biblique d'Ismaël. Dans le domaine liturgique, des événements passés se voient conférer la valeur d'un modèle du présent, alors qu'historiquement ils étaient insignifiants. Ce dont témoignent, par exemple, certaines *seli'hote* (« demandes de pardon ») de l'époque médiévale, qui associent un traumatisme contemporain à un deuil minime, mais ancien. Sciemment ou à leur insu, les auteurs de ces *seli'hote* réinventent leur passé pour le rendre capable d'absorber le présent. Paradoxalement, seule l'idée d'une répétition rend les massacres et les spoliations supportables.

## III. – Stratification et datation des œuvres

La relecture permanente du temps a une autre conséquence. Même si la production littéraire relève d'une succession chronologique, son ordonnancement n'est pas temporel. La chronologie des textes et des auteurs cède souvent la place à une organisation hiérarchique des œuvres. Lorsque cette hiérarchie se stabilise, même momentanément, la structure de la tradition qui en ressort montre davantage une stratification qu'une datation. Dans cette structure, et c'est ce qui la rend difficile et délicate à interpréter, les rapports entre les textes ou entre les penseurs sont fondés sur l'autorité qu'ils exercent les uns par rapport aux autres. C'est un point central et fondamental du judaïsme, et c'est aussi sa notion la plus complexe. Toute interprétation du judaïsme met en jeu cette question.

L'une des illustrations les plus connues de la complexité de ce principe est la place qu'est censée occuper la littérature kabbalistique au sein de la tradition. Cette place a toujours été historiquement problématique. Parce que la datation d'une œuvre, sa plus ou moins grande antiquité, indique la manière dont cette œuvre se noue et s'articule aux autres, et tient ainsi sa postérité sous son aile. Si le *Zohar*, par exemple, l'œuvre maîtresse de la Kabbale, est dû à l'enseignement de rabbi Siméon ben Yo'haï, alors cette œuvre est contemporaine de la *Mishna*, le texte fondateur de tout le judaïsme rabbinique. En conséquence, il requiert de la part des lecteurs et des penseurs qui lui sont postérieurs de lui accorder une importance similaire à celle de la *Mishna*. Tandis que selon les penseurs du judaïsme critiques envers la Kabbale, tel Élie Del Médigo (Italie, XVIe siècle), il s'agit d'une œuvre originale écrite au

XIIIe siècle en Espagne. Selon la position chronologique que l'on donne à ce texte, on modifie l'ensemble de la structure du judaïsme. Si cette œuvre est contemporaine de la *Mishna* et qu'elle a été enseignée par l'un des plus grands penseurs et décisionnaires de l'époque (IIe siècle), elle est une pièce majeure de l'édifice de la tradition hébraïque. Une dimension mystique et symbolique accompagnerait implicitement la tradition hébraïque. Et la Kabbale tendrait à devenir la raison profonde de tous les autres enseignements du judaïsme. Tandis que si on lui attribue pour auteur Moïse de Léon (1240-1305), on en fait une œuvre d'exégète, d'un rang comparable aux interprétations nées à l'époque médiévale, dans le sillage particulier du judaïsme espagnol. En ce cas, le *Zohar* n'exprime qu'une version possible mais non nécessaire du judaïsme. Ce conflit affecte la plupart des textes fondateurs de la Kabbale (par exemple, le *Séfer Yétsira*, dont l'origine remonte pour certains au patriarche Abraham).

Expression d'une culture vivante, la datation est un exercice crucial, non seulement de l'histoire du judaïsme, mais de son contenu et de sa nature même. En assignant une époque à une œuvre, on lui confère un rang d'autorité qui modifie l'ensemble des relations entre les textes. La question est d'autant plus délicate que le judaïsme est essentiellement une tradition orale. La datation d'une œuvre devient alors particulièrement difficile, puisqu'un enseignement peut demeurer longtemps oral avant de devenir écrit. Or, seul l'écrit est historiquement repérable.

Pour comprendre le judaïsme, il faut accepter les immenses brassages temporels auxquels il se livre. Ces maniements du temps expriment la liberté et la créativité fondamentale de la Torah. Ils permettent à chaque génération de s'approprier de façon vivante l'enseignement ancestral. En tant que tel, ce phénomène n'est pas réservé au judaïsme. Toute époque redéfinit les composantes de son passé. La particularité de la tradition hébraïque est de s'en tenir exclusivement à la seule dimension du temps mémoriel. À partir d'une liturgie cyclique qui remet en scène les mêmes contenus, les événements et les enseignements du passé sont revécus en permanence. Or, ce cycle peut s'absorber lui-même, produire paradoxes et collapsus temporels, ou même s'extraire du temps, car son ancrage n'est pas le passé, mais le présent. Seule compte la mémoire vivante, ici et maintenant.

## IV. – Messianisme et progrès

Il découle de ces remarques que la notion de progrès historique est étrangère à l'esprit du judaïsme. L'histoire est rarement pensée comme un mouvement ascendant ou comme une progressive amélioration. D'un côté, depuis l'époque des prophètes, la tradition est porteuse d'une histoire hantée par la perte et l'oubli, au point de se raidir parfois sur elle-même ; elle regarde son évolution historique comme une dégradation morale et intellectuelle inéluctable au fil des générations. La matrice est fournie par les derniers chapitres du Deutéronome, prédisant la dissolution de ses fondements, la dispersion du peuple et le sauvetage *in extremis* d'un dernier reste auquel est promis une réconciliation avec Dieu et avec la terre des ancêtres. Mais le complément de cette vision pessimiste du temps est l'idée d'un retour toujours possible aux sources véritables de l'inspiration du judaïsme. En sorte que l'histoire de la tradition juive est scandée par de brusques poussées spirituelles qui s'épanouissent pendant quelques siècles en laissant à la postérité des œuvres immenses et inoubliables, comme en produisit la Judée au tournant de la conquête romaine, la Babylonie à l'époque du Talmud, l'Espagne médiévale, etc. En bref, une histoire en dents de scie, faite d'impulsions fécondes et puissantes, rompue par les exils et les détériorations intérieures ou extérieures.

Le messianisme compte pourtant au rang d'une croyance fondamentale du judaïsme. Mais celui-ci n'implique pas la foi en une finalité historique. Envisagé comme l'horizon spirituel et politique du peuple juif, il désigne le moment où Israël retrouve son indépendance politique sur la terre promise. Le Temple est alors reconstruit, les exilés reviennent au pays, et la vie juive peut reprendre comme avant la dispersion. Arrêtons-nous sur la forme « minimum » du messianisme, comme le requiert la pratique du Talmud : celui-ci peut ne produire aucun événement nouveau et n'être accompagné d'aucun miracle, comme le prévoit Maïmonide[1]. Certains ont même considéré que les prophéties à son sujet s'étaient déjà réalisées à l'époque du roi Ézéchias, au VIe siècle avant notre ère (*Sanhédrin* 99a). Il s'agit, certes, d'une opinion extrême, mais il n'empêche qu'elle est possible dans le cadre du judaïsme et compatible avec lui. Mille ans après le Talmud, un philosophe comme rabbi Joseph Albo (Espagne, XVe siècle) en souligne encore la pertinence. Envisagé sous cette forme, le messie est principalement une figure politique, un libérateur, qui restaure à la fois la situation du peuple juif et les valeurs de la Torah. Même s'il inaugure une ère nouvelle, celle-ci s'exprime d'abord par un retour

1. Cf. *Mishné Torah*, *Hilkhot Melakhim* XI, 3 et XII, 1.

au foyer matériel et spirituel. Ce « retour » vers l'idéal n'a aucune connexion notable avec un progressif développement historique. Il représente un terme apporté aux péripéties du peuple juif en exil et à l'absence de Dieu. Contrairement à la tradition occidentale, issue du christianisme, le temps historique n'est pas porteur d'un sens, mais d'une nostalgie. Le « but » envisagé est de revivifier un état passé. Même les textes kabbalistiques qui envisagent le messianisme comme une forme de rédemption « cosmique » le voient d'abord comme une « restauration ».

Cependant, même dénué de miracle et de prodige, le messianisme reste porteur d'un supplément. Il n'est pas le retour du même, encore moins un retour en arrière. La nostalgie est porteuse d'un gain. Tout comme le repentir dont la tradition le fait entièrement dépendre. Or, pour le Talmud (*Berakhot* 34b), le « retour » ou le « repentir » (ce sont les mêmes termes) n'est pas un retour au passé, mais un bond en avant :

*L'endroit où se tiennent les repentants, les justes parfaits n'y peuvent tenir.*

Par le repentir, le fauteur accède à une élévation qu'il ne possédait pas avant sa faute. Il dépasse ainsi le juste qui n'a pas fauté. Et, après son retour, même ses fautes lui sont comptées comme des mérites[1]. Le messianisme est un retour et un repentir collectif. Il est l'expression historique du repentir du peuple entier, qui accède à une vie spirituelle plus grande qu'avant. Le messianisme est donc la promesse d'un supplément d'être qui attend le peuple juif. Mais ce supplément n'est pas le *résultat* de l'histoire, il ne découle d'aucun processus historique.

1. Cf. *Youma* 86b.

Pour le Talmud (*Sanhédrin* 98a), le Messie est déjà là, il attend aux portes de Rome qu'Israël se repente. La venue du Messie doit, au contraire, rompre avec l'histoire en congédiant le lourd héritage d'un passé fautif, par un sursaut et une prise de conscience qui écarte tout processus historique. Plutôt qu'une finalité ou un processus historique, le messianisme est la façon de réaliser concrètement la remémoration de « l'aujourd'hui » biblique, en revivifiant le passé et en l'actualisant :

« Aujourd'hui, si vous écoutez Sa voix (Psaumes XCV, 7). »

Rompre avec l'histoire pour renouer avec l'héritage par un lien encore plus fort. Le messianisme est le mode même de la relation à la tradition, dans son sens le plus élevé.

Chapitre III

# ÉPOQUE DE LA BIBLE

La tradition écrite a donné lieu à l'ensemble des livres regroupés sous le nom de Bible. *Byblios* est un terme grec, qui signifie simplement « livre ». En hébreu, cet ensemble n'a pas non plus de nom particulier. Il est désigné par l'anagramme des premières lettres du nom de chacune de ses trois parties : la Torah de Moïse (Pentateuque), les textes des Prophètes et les Écrits (Hagiographes). Ce qui donne, en hébreu, *Tanakh*.

Ces trois parties n'ont pas la même valeur. En réalité, les deux dernières parties ne sont que des rubriques différenciées d'un même ensemble, qui fait face au Pentateuque dont la position d'autorité est sans égale vis-à-vis des autres textes prophétiques et inspirés de la Bible. En amont, la Torah de Moïse (le Pentateuque), œuvre unique et exclusive qui forme la base de l'enseignement, n'est précédée par rien, sinon par ce qu'elle raconte elle-même explicitement concernant les patriarches et l'histoire du peuple d'Israël. En aval, c'est elle qui, accompagnée de sa tradition orale, fixe l'enjeu et la nature du judaïsme pour tous les écrits et toutes les pratiques ultérieures.

## I. – Le Pentateuque

L'histoire du judaïsme ne commence pas avec Abraham. Elle commence avec la prophétie de Moïse, pour la raison que l'histoire d'Abraham appartient à la Bible. C'est le livre de la Genèse qui l'évoque et lui donne le rôle de père fondateur. Puisque, selon la tradition orale, Moïse est l'auteur des cinq livres qui composent le Pentateuque, l'histoire d'Abraham fait partie de l'enseignement de Moïse. En d'autres termes, le judaïsme ne reconnaît en Abraham son commencement que parce que la Bible le dit expressément. N'était le témoignage du texte, cette idée n'aurait été qu'une hypothèse historique parmi d'autres.

Cet exemple n'est qu'une illustration du postulat énoncé plus haut. Toutes les figures et les événements qui apparaissent dans le récit biblique relèvent du même principe et vérifient la même règle. Le commencement du judaïsme coïncide donc absolument avec la prophétie de Moïse. C'est en elle que se recueillent tous les instants et toutes les figures du commencement, y compris la biographie de son auteur. Et, puisque Moïse n'est que l'intermédiaire de l'enseignement divin, il ne peut commencer que par une sorte de « biographie » de Dieu.

1. **Doctrines et préceptes : histoire de l'alliance.** – Dans cette perspective, la création du monde par laquelle s'ouvre la Bible est une loi de son écriture. La tradition orale rapporte la narration de la création au verset des Psaumes : « Dieu a raconté à son peuple la puissance de ses actes » (CXI, 6). L'enjeu fondamental du livre est d'enseigner une idée précise du divin, à travers l'exposé de ses œuvres et de ses requêtes, à ceux qui acceptent sa tutelle.

Parce que l'idée de Dieu dans le judaïsme est essentiellement de nature existentielle, elle enveloppe toujours conjointement le domaine intellectuel et le domaine moral et légal. Et cette « idée » évolue. Elle se construit progressivement à travers le récit de l'alliance graduelle conclue entre Dieu et les hommes, grâce à Noé, aux patriarches et enfin à Moïse. Malgré les apparences, le Pentateuque ne raconte pas l'histoire du peuple juif ; il expose en fait les différentes strates sur lesquelles est édifiée l'idée de Dieu, certifiée dans le texte par l'évolution de l'alliance et le dévoilement progressif des Noms divins. Par exemple, l'alliance avec Noé, après le Déluge, instaure le principe d'une autorité suprême sur tous les vivants, susceptible de les anéantir complètement, mais qui s'engage pourtant à la retenue et au respect de la vie. Et elle l'accompagne d'une série de *mitsvot* (préceptes, règles ou commandements), par lesquelles l'humanité est prescrite de respecter, à son tour, un rapport défini à toute forme de vie. Ces règles comprennent le commandement de la procréation, la permission de consommer la chair animale, l'interdiction de consommer une partie d'un animal vivant, et l'interdiction du meurtre sous toutes ses formes (y compris à l'égard de soi-même).

Toutes les alliances de la Torah sont de cette forme : à la fois métaphysiques et éthico-juridiques. Aucune doctrine dans la Torah n'est purement intellectuelle, elle enveloppe la vie humaine par un enjeu existentiel. Ainsi, l'idée de Dieu se manifeste, se soutient et s'exprime par l'accomplissement de ses requêtes. En d'autres termes, le mot « Dieu » dans la Bible désigne moins l'être suprême qu'une volonté ou une requête primordiale adressée aux hommes. L'alliance de Dieu et des hommes s'amplifie et s'intensifie donc progressivement à travers la révélation de son désir et la multiplication des commandements. C'est dans cette voie que s'engagent les patriarches d'Israël. Ils sont, à leur tour, reconnus de Dieu parce qu'ils enseignent cette voie à leurs enfants : « parce qu'il enjoint ses enfants et les gens de sa maison à sa suite : Gardez le chemin de Dieu, en réalisant équité et justice » (Genèse XVIII, 19). Cette reconnaissance réciproque s'exprime par le nouveau signe de l'alliance, qui enchaîne les générations : la circoncision. Le propre d'Abraham est d'avoir voulu donner corps à cette voie, en insufflant la vie et l'esprit à un peuple, s'installant sur une terre déterminée, au milieu des autres nations du monde. Cette idée est devenue l'héritage de ses descendants et de tous ceux qui s'associent à leur destin.

À l'époque de Moïse, l'alliance connaît son ultime développement. L'ensemble des règles de vie individuelle et collective est donné une fois pour toutes. Les doctrines et les préceptes forment une totalité cohérente, qui enveloppe les principaux aspects de l'existence et définit la base de tout le judaïsme ultérieur. Au sens propre, l'histoire de l'alliance s'arrête là ; les « formes », à l'intérieur desquelles circule l'enseignement divin, sont déterminées définitivement pour toutes les générations. La divergence avec les mœurs des autres nations devient radicale. Selon le *Midrash* (*Sifri* sur Deutéronome XXXIII, 2), la Torah ne fut pas donnée à Israël par caprice ou par privilège, mais parce qu'il fut le seul peuple à l'accepter ; les autres peuples l'ayant refusée parce que ses préceptes ne convenaient pas à leurs mœurs. L'histoire interne d'Israël devient désormais l'histoire des vicissitudes de cette alliance impossible à rompre.

2. **La confrontation du Sinaï.** – La rencontre de l'ensemble du peuple d'Israël avec Dieu et la révélation de son enseignement est appelée dans la tradition

« confrontation du Sinaï » ou « don de la Torah ». Cette rencontre fournit le modèle duquel est tiré le principe de la conversion dans le judaïsme ultérieur : circoncision, immersion et sacrifice[1]. Israël est ainsi essentiellement un peuple « converti », acceptant l'enseignement de la prophétie de Moïse. Cet enseignement se prolonge tout au long des quarante ans passés dans le désert, mais il est toujours symboliquement référé à l'instant de la donation de la Loi.

L'alliance conclue au Sinaï est incarnée par « les tables de pierre » ou « tables de l'alliance », sur lesquelles figurent les dix commandements. Le pacte est scellé à travers eux. La tradition orale (*Mékhilta Yitro* V, 8) les dispose par groupes de cinq, face à face. À l'affirmation de la souveraineté de Dieu fait pendant l'interdit du meurtre, car l'homme est l'image de Dieu ; l'interdiction d'admettre d'autres divinités fait face à l'interdit de l'adultère, car la fidélité est le cœur de l'alliance, etc.

L'histoire des tables résume la difficulté de ce nouage, et le rôle fondamental de Moïse en tant qu'intermédiaire. Données une première fois, elles sont brisées par Moïse lors de l'épisode du veau d'or, car l'alliance est détruite par l'idolâtrie, puis données une seconde fois. Moïse monte ainsi trois fois sur le Sinaï par périodes de quarante jours et quarante nuits. La première fois, il reçoit les premières tables. La deuxième fois, il prie et intercède en faveur d'Israël. La troisième fois, il reçoit les secondes tables. Ces deux séries de tables sont pareilles sans être identiques : les premières étaient entièrement d'origine divine, dans les secondes le texte est écrit par Dieu, mais l'objet matériel (la pierre taillée) qui le

1. Cf. Maïmonide, *Mishné Torah*, *Hilkhot Issouré Bia*, XIII.

supporte est l'œuvre de Moïse. L'histoire des tables de l'alliance est plus qu'un symptôme : le décalage temporel et matériel, la relance de l'alliance dans des termes identiques, l'intercession du prophète témoignent d'un clivage interne, jamais résorbé, entre les partenaires du pacte. Israël n'est jamais à la hauteur de ce qui lui est demandé, mais pourtant il n'abandonne pas. Et la nostalgie de cette hauteur hante son histoire. Concrètement, les fragments des premières tables de pierre sont déposés aux côtés des secondes, dans l'arche d'alliance. Ces fragments brisés accompagnent les générations, en ajoutant leur témoignage à celui des pierres intactes[1]. Cette césure interne, idéal fragmenté et reconstitué, forme le creuset du judaïsme biblique.

3. **Les lois et les institutions de Moïse.** – La loi est entièrement renouvelée au Sinaï. Les préceptes donnés aux descendants de Noé et d'Abraham sont reformulés. Pour le Talmud (*Sanhédrin* 59a), il s'agit d'une scission avec l'histoire antérieure, avec toutes les branches de l'héritage de Noé et des patriarches. Un peuple est né et, avec lui, une autre idée de l'humanité. Puisque l'un des axes de l'enseignement de Moïse est que l'homme est l'image de Dieu, chaque évolution de l'idée de Dieu en lui transforme son humanité. Les nouvelles requêtes dont Israël est l'objet développent d'autres façons d'être homme. Concrètement, le privilège d'approcher l'institution majeure de la Torah qu'est le Sanctuaire crée une partition du peuple en trois catégories sociales héréditaires : les prêtres *(kohanim)*, les Lévites et les autres tribus d'Israël. La hiérarchie sociale, définie par le

1. Cf. *Baba Batra* 14b.

degré de proximité avec l'institution du monothéisme, est accompagnée d'un supplément de commandements pour les catégories les plus hautes. Par rapport aux peuples du monde, la rupture complète avec l'idolâtrie et l'exigence de mœurs empreintes de pureté et de retenue projettent l'ensemble du judaïsme sur une orbite excentrique qui le détache du mouvement massif des civilisations historiques.

La loi du Sinaï construit ainsi un univers intellectuel, moral, social et politique polarisé par l'idéal monothéiste. Tous les niveaux de l'existence personnelle et collective sont visés : le corps, le lien social, les mœurs, le culte, la représentation de l'autorité et du droit.

Le lien social est redéfini par la communauté de ceux qui adoptent les lois du monothéisme. Il est régi par des règles de droit touchant la sphère économique, sociale et morale. Les lois économiques encadrent toutes les formes de cession et d'acquisition, de prêt, de location, toutes les formes de dettes et le remboursement des dommages. Elles interdisent la spéculation, la tromperie, le prêt à intérêt. Elles limitent les formes d'esclavage, instaurent une propriété inaliénable de chacun sur son propre corps et sur son patrimoine (Jubilée). Les lois sociales en faveur des pauvres et des étrangers imposent à chacun la charge de leur subsistance ; elles imposent des donations régulières touchant l'argent et la production agricole ; elles abrogent les dettes financières tous les sept ans, etc. Les lois morales sont connues : l'amour du prochain, le respect des parents, l'assistance aux personnes en danger, etc.

Une place exceptionnelle est donnée aux mœurs sexuelles et alimentaires, exposées aux impératifs de la sainteté. Le terme hébraïque « sainteté » *(kédousha)* est traduit, dans la tradition orale, par le terme « écart, séparation » *(périshout)*. Le principe en est donné par le verset du Lévitique XI, 44 :

> « Puisque moi, l'Éternel, je suis votre Dieu, vous vous sanctifierez et vous serez saints, car je suis saint. »

Ce que le *Midrash* (*Sifra Shèmini* XII, 3-4) traduit par :

> « De même que je suis réservé *(paroush)*, vous serez réservés *(péroushim)*. »

La « sainteté » consiste à introduire dans les mœurs un principe de retenue et de pudeur, un recul face aux appétits de toute nature : pulsions sexuelles et alimentaires, appétits économiques. Ce principe se manifeste par une série de limitations rigoureuses touchant ces domaines, prescrivant une dimension spécifique de ressemblance à Dieu : être empreint de retenue.

Outre les préceptes individuels, la Torah crée deux institutions collectives majeures : le Sanctuaire et le Sanhédrin. La pratique du culte occupe une place prépondérante dans la loi de Moïse. La construction des différentes parties du Sanctuaire, la définition des types et des modes de sacrifices, les règles du service imposé à Israël, aux Lévites et aux prêtres occupent la moitié du livre de l'Exode et la majeure partie du livre du Lévitique. C'est autour du culte que sont organisées les « fêtes » dont le cycle annuel structure le temps ; et ce sont ces pratiques qui, dans leur ensemble, dispensent le pardon et l'expiation à toute personne, y compris le non-juif, qui y participe.

La seconde institution fondamentale de la loi du Sinaï est l'autorité des juges et la constitution d'un tribunal suprême, le Sanhédrin de 71 membres. C'est à eux qu'est dévolue la charge de régler les litiges, de définir le droit, de juger les coupables d'infraction, etc.

L'autorité suprême en toute matière légale, doctrinale et morale appartient au Sanhédrin. Il juge les autres juges, les faux prophètes et même les rois. Il tranche les controverses légales ou doctrinales et définit la loi que tout Israël est prescrit de respecter.

Ces deux institutions sont le cœur de l'histoire ultérieure du judaïsme. Le Sanctuaire itinérant et le temple de Jérusalem forment le centre inégalé de la vie juive. L'organisation du campement des Israélites dans le désert est révélatrice : le Sanctuaire occupe le centre, la tribu des Lévites l'entoure, et toutes les autres tribus sont disposées dans le périmètre extérieur, aux quatre points cardinaux. Quant au principe d'une autorité suprême, il concentre en lui une question névralgique pour le judaïsme, à travers le problème souvent insoluble de l'unité des mœurs, des lois et des coutumes.

4. **Histoire du texte écrit.** – À la fin du Deutéronome, il est dit explicitement que Moïse écrivit la Torah sous l'ordre divin (chap. 31). Cependant, rien n'indique où commence et où s'achève le livre de Moïse. D'autant qu'il est déjà question de l'écriture d'un « livre de l'alliance » dans l'Exode (XXIV, 4) que Moïse aurait lu en présence du peuple, quarante ans avant les versets du Deutéronome prescrivant l'écriture de la Torah. Cette ambiguïté a donné lieu à une controverse dans le Talmud (*Guitïn* 60a), certains arguant que la Torah a été écrite en plusieurs parties, d'autres qu'elle a été écrite d'un seul coup, à la fin. Selon la première opinion, le livre de la Genèse et le début du livre de l'Exode auraient été mis par écrit au lendemain de la confrontation du Sinaï ; et le reste aurait été rédigé progressivement, au fur et à mesure du temps. L'ensemble de ces écritures aurait été collationné à la fin. Selon la seconde opinion, le « livre

de l'alliance » ne serait qu'un ouvrage de transition, les occurrences d'écritures dans le Pentateuque ne seraient que programmatiques, et le livre que nous connaissons n'aurait été écrit comme tel qu'à la veille de la mort du prophète.

Le plus ambigu, comme le fait remarquer Na'hmanide (XIIIe siècle), est que, contrairement aux autres livres des prophètes, Moïse ne commence pas son ouvrage en se nommant et en disant que la parole divine lui fut adressée. Le Pentateuque nous oblige à traiter le personnage de Moïse comme nous le faisons plus haut d'Abraham : son existence et son rôle sont eux aussi un enseignement de la Torah. En cela, le livre se présente comme un commencement absolu, incluant son auteur comme l'un de ses personnages. En sorte que c'est uniquement par la tradition que nous attribuons l'ensemble du livre à Moïse, et que nous savons où commence et où s'achève son œuvre.

Il existe d'ailleurs une controverse dans le Talmud (*Mena'hot* 30a), plus significative encore, concernant les huit derniers versets de la Torah. Ceux-ci commencent par les mots « Moïse mourut, etc. » et s'achèvent par son éloge et son deuil public. Selon certains, Moïse ne peut pas avoir relaté sa propre mort puisqu'il n'en a pas été témoin, ces versets auraient été écrits par son élève Josué. Selon d'autres, même ces propos auraient été écrits par Moïse, transcrivant la parole de Dieu. En pratique, ces versets sont considérés de toute façon comme singuliers, et leur lecture publique est différente des autres.

## II. – Les Prophètes et les Écrits (Hagiographes)

La deuxième partie de la Bible, les Prophètes, comporte deux sortes d'écrits. Les premiers sont organisés chronologiquement et font directement suite au Pentateuque. En sorte qu'une progression historique continue relie l'ensemble formé par les cinq livres de Moïse, puis les livres de Josué, des Juges, de Samuel, et des Rois. Ce premier groupe forme la matière de l'histoire juive antique qui s'étend depuis l'époque de Moïse en l'an 1300 avant notre ère, jusqu'aux derniers des rois de Juda 890 ans plus tard ; il présente une trame historique cohérente qui commence avec le don de la Torah et s'achève avec la destruction du Temple construit par Salomon. Le second groupe comporte les livres non historiques d'Isaïe, Jérémie, Ézéchiel et les 12 prophètes mineurs (Osée, Joël, Amos, etc.). Certains de ces prophètes (Zacharie, par exemple) débordent l'aire historique définie par les livres précédents et se rattachent à la période de la reconstruction du Temple, sous la domination perse, soixante-dix ans ans plus tard.

La troisième partie de la Bible est un recueil de textes liturgiques (les Psaumes), de prescriptions morales et philosophiques (Proverbes, Ecclésiaste), de controverses théologiques (Job), de chants poétiques et mystiques (Cantique des cantiques) et de récits historiques (Chroniques, Esdras et Néhémie), etc. Ce groupe disparate donne une nouvelle impulsion aux contenus intellectuels et moraux du judaïsme, et prolonge la période historique jusqu'à la fin de la reconstruction du Temple.

Du fait de l'oralité, la mise par écrit de ces enseignements est parfois directe, parfois décalée. Dans l'ordre chronologique, le Talmud (*Baba Batra* 14b) attribue le livre de Job à Moïse ; il serait donc l'ouvrage le plus ancien de la Bible avec le Pentateuque. Il fait d'ailleurs état d'une controverse autour de l'existence du personnage de Job : pour certains, c'est une fiction littéraire, d'autres lui voient un modèle historique. Josué écrivit le livre qui porte son nom, ainsi que, selon certains, les huit derniers versets du Pentateuque. Samuel écrivit le livre qui porte son nom, ainsi que le livre des Juges et Ruth. Le roi David écrivit les Psaumes et, selon la logique régressive dont on a parlé, il fut « assisté » par l'exemple des anciens qui le précédèrent : Adam, Abraham, etc. Jérémie écrivit le livre qui porte son nom, les Rois et les Lamentations. Une école se forma sous l'incitation du roi Ézéchias, qui transcrivit au fil des ans l'enseignement d'Isaïe, les Proverbes, le Cantique des cantiques et l'Ecclésiaste. Les gens de la Grande Assemblée, qui dirigèrent le peuple au moment du retour sur la terre promise au milieu du IV^e siècle avant notre ère, mirent par écrit les œuvres d'Ézéchiel, des 12 prophètes mineurs, de Daniel et d'Esther. Esdras écrivit le livre qui porte son nom et la majeure partie des Chroniques que Néhémie compléta après sa mort.

1. **Le peuple juif sur la terre promise.** – Alors que pour les œuvres ultérieures du judaïsme la géographie découle souvent des hasards de l'exil, elle est au contraire particulièrement signifiante pour les écrits bibliques. La Torah de Moïse fut donnée dans le désert, tandis que les autres livres bibliques sont, presque toujours, étroitement liés à la vie du peuple juif sur la terre d'Israël. Pour le *Midrash* (*Mékhilta Yitro* 1), l'extraterritorialité de l'enseignement de Moïse est fondamentale :

> « La Torah a été donnée en tant qu'acte d'affranchissement, dans un espace public et dans un lieu qui n'est la propriété de personne. Car si elle avait été donnée dans le pays d'Israël, on aurait dit que les autres peuples n'y ont pas droit. C'est

pourquoi elle fut donnée dans le désert, dans un lieu qui n'est la propriété de personne, en sorte que quiconque veut la recevoir peut venir le faire. »

Il s'agit d'une idée récurrente dans la tradition orale, selon laquelle l'enseignement écrit de Moïse transcende l'histoire nationale et accueille *a priori* toute personne qui souhaite s'associer à son héritage, en acceptant ses lois. Cette « délocalisation » accentue, en outre, le caractère *programmatique* de cet enseignement dont nombre de lois ne peuvent être mises en pratique que sur la terre promise.

En revanche, les écrits prophétiques et hagiographiques sont intrinsèquement liés au pays d'Israël, à son histoire et à ses conditions de vie. La capacité prophétique elle-même paraît conditionnée par la présence du prophète en terre promise. Le rôle de ces prophètes est de réprimander le peuple et de le guider sur la voie de Dieu, en fustigeant leurs faiblesses, leurs compromissions et les injustices sociales. Leur enseignement est fondamental sur le plan moral, doctrinal et juridique, pour l'ensemble du judaïsme ultérieur. Il sert souvent de base à l'élaboration des doctrines morales, juridiques et métaphysiques du Talmud. Les textes prophétiques mettent ainsi l'accent sur l'altération interne des mœurs, des pratiques et des notions fondamentales de la Torah. Les prophètes soumirent la culture et les usages de leur temps à une critique sociale sévère. Par leur bouche, le Dieu d'Israël condamne et récuse même les pratiques les plus sacrées, telle l'offrande des sacrifices, lorsqu'elles entretiennent une société uniquement soucieuse de ses prérogatives sociales, avare de ses richesses et âpre au gain. Les prophètes dénoncent régulièrement une situation dans laquelle la pratique « religieuse » est devenue le cache-misère d'un judaïsme abêti et sans cœur, qui se masque les vrais impératifs de la Torah. La harangue d'Isaïe (I, 13-17) est exemplaire :

« Cessez d'apporter l'oblation hypocrite, votre encens m'horripile : néoménie, sabbat, saintes solennités, je ne puis les souffrir, c'est l'iniquité associée aux fêtes ! Oui, vos néoménies et vos solennités, mon âme les abhorre, elles me sont devenues à charge, je suis las de les tolérer [...] Lavez-vous, purifiez-vous, écartez de mes yeux l'iniquité de vos actes, cessez de mal faire. Apprenez à bien agir, recherchez la justice ; rendez le bonheur à l'opprimé, faites droit à l'orphelin, défendez la cause de la veuve. »

Ces exhortations sont le symptôme du décalage entre le caractère programmatique de l'enseignement de Moïse et sa réalité effective quelques siècles plus tard. Le temple de Jérusalem, qui devait rassembler autour de son culte l'ensemble de la vie juive, perd progressivement sa véracité et sa consistance. Une dérive fausse imperceptiblement la « pratique » du judaïsme, entraînant son contenu au déclin. Les harangues des prophètes se focalisent sur le même point : les promesses fascinantes que font miroiter les cultures étrangères, en particulier les cultes païens, corrodent la tradition juive en lui aliénant les cœurs et les volontés.

2. **Le paganisme antique.** – Les formes liturgiques du judaïsme font figure de parent pauvre en face de la diversité chatoyante des religions païennes. La Torah de Moïse interdit de façon irrévocable toute forme de représentation. Tandis que le paganisme antique recouvre tous les pays des multiples figures de l'art (sculptures, peintures, mosaïques), la montagne du Temple est un lieu vide, surmonté d'un simple édifice. Alors que le sacré habite toute forêt, qu'il s'ébruite par les sources et les fontaines, que le moindre étang est un mystère,

les villes et les campagnes de la terre promise ne sont peuplées que des hommes et de leurs bétails. À côté des représentations astrologiques qui emplissent le ciel de leur rayonnement, le Dieu d'Israël est un être abstrait et lointain. Les pratiques païennes sont piquantes et envoûtantes. Les sacrifices sont sanglants, des superstitions sans nombre accompagnent les gestes du quotidien, le sexe et la mort étayent les commerces les plus sacrés. Voir, toucher, dévorer, rêver, jouir jusqu'à l'extase, le judaïsme ne connaît rien de ces sensations fortes.

Tout finit par faire contradiction. Les religions païennes, par définition régionales, ne sont pas exclusives les unes des autres. Elles s'accueillent mutuellement, se complexifient sans fin dans des panthéons de plus en plus sophistiqués à mesure qu'elles se connaissent et s'interpénètrent. Le paganisme est ouvert au syncrétisme, il ne connaît pas de limites. À l'inverse, le Dieu un et universel du judaïsme, créateur et maître de tout l'univers, s'enferme dans sa solitude. Il est étranger aux religions de la plupart des hommes. Il ne répand pas, ou peu, ses lumières sur l'humanité, et reste confiné dans le cœur d'un seul peuple. Culture boiteuse, écrit le prophète, dans laquelle les Juifs restent fidèles envers la religion de leur père, sans y mettre trop de cœur, puisque celui-ci est assoiffé de la sensualité promise par Baal[1].

Cette situation déclenche des crises incessantes. Quelques générations à peine après la conquête, le peuple est déjà en proie à ce que le Talmud (*Sanhédrin* 102b) décrit comme une véritable « pulsion » pour l'idolâtrie. Le Dieu de la Torah n'est pas sensuel, ses cultes sont modérés et pudiques ; le judaïsme est une

1. Cf. I Rois XVIII, 21.

culture de la parole et du texte. En réponse aux sollicitations du paganisme, les prophètes inventent donc un style littéraire imagé et poétique, une rhétorique virulente qui exhorte les sentiments. Inspirés par les derniers chapitres du Deutéronome, ils érigent l'art oratoire au rang d'inspiration sainte et parcourent des champs sémantiques nouveaux. Orateurs contestés, souvent en marge des cadres institutionnels, persécutés par le peuple ou par les rois, ils manient l'ironie et la diatribe, accusent, raillent et persiflent. Porte-parole de Dieu, ils lui font quitter sa réserve en le peignant par toutes les formes possibles de la métaphore. Aux figures sensuelles du paganisme, aux images taillées, ils substituent la poésie représentative : Dieu « chevauche le ciel », c'est un roi entouré de ses anges, cour céleste à son service, dans laquelle pénètre aussi le prophète. Les principaux éléments de ce que l'on dénomme, assez mal, « mystique juive » sont ainsi posés. À travers leurs écrits, paraboles et métaphores deviennent des registres fondamentaux de la tradition d'Israël. Ils seront ensuite le mode d'expression privilégié de la littérature hagadique et midrashique.

3. **Sagesse et crainte de Dieu.** – Parallèlement, au moment même où les institutions du Pentateuque sont pleinement établies, les penseurs les plus sérieux du judaïsme cherchent déjà d'autres modèles. La carence spirituelle qui vicie ces institutions, le conformisme superficiel qui en résulte et que dénoncent les prophètes les pressent de renouer avec une dynamique plus profonde et plus individuelle. Ils la trouvent dans une inspiration morale et philosophique qui resserre les commandements divins autour des principes génériques de la prophétie de Moïse. Dans les Écrits, cette

recherche conduit à une redéfinition des réquisits fondamentaux, théoriques et pratiques, de la Torah. L'héritage biblique se recentre autour des notions cardinales de la « crainte de Dieu » et de l'acquisition de la « sagesse ». Les deux notions se conjuguent dans la pratique pour soutenir l'édifice des commandements divins. Tel est, par exemple, le propos explicite des Proverbes (I, 7) :

> « La crainte de Dieu est le commencement de toute réflexion, sagacité et raison sont méprisées des idiots. »

Sagesse, intelligence et raison vont de pair avec la crainte de Dieu. Ces notions définissent la position de l'homme et ses buts. Elles sont des « voies », des « chemins », qui permettent de traverser les heurts de l'existence et de s'orienter correctement dans l'exécution des préceptes divins. Dans les faits, chacune mène à l'autre. La quête de la sagesse mène à la crainte et à la connaissance de Dieu :

> « Si tu appelles le discernement et si tu implores l'intelligence, si tu les demandes comme de l'argent, si tu les brigues tel un trésor ; alors tu appréhenderas la crainte de Dieu et la connaissance du Souverain te sera dévoilée (Proverbes II, 3-5). »

Et, inversement, la crainte de Dieu est la prémisse de toute sagesse :

> « Le commencement de la sagesse est la crainte de Dieu (Psaumes CI, 10). »

Réforme du désir : la quête d'un trésor inestimable se substitue au simple respect de la loi, à la fidélité inquiète envers l'héritage ancestral, que la proximité du paganisme laissait exsangue. À travers la recherche de la sagesse, le judaïsme s'extrait de son isolement, il comprend le monde et les hommes, et redonne aux préceptes divins leur horizon universel. L'auteur de l'Ecclésiaste explore le sens des actions et des prétentions humaines à la lueur des cycles du temps et de la longue durée. Sa critique de la « vanité » des entreprises humaines le conduit à une réflexion sur le bien véritable rapportée à l'échelle réelle de la vie humaine. En même temps naît un nouveau savoir touchant l'enseignement même de la Torah. Le *Midrash* (*Shir Hashirim Rabba* I, 8) compare la Torah de Moïse à un puits profond, aux eaux inaccessibles ; grâce à ses métaphores et ses paraboles, l'œuvre écrite de Salomon est une « méthode » pour s'en approprier le sens. La nécessité d'une méthode intelligente devient la pierre angulaire de l'approche de la Loi, dont la sagesse et la raison sont le creuset.

La crainte de Dieu est le ressort fondamental, c'est elle qui conduit à sa connaissance. Elle ouvre les portes de la métaphysique et de l'éthique. Car la connaissance de Dieu est en même temps un mode de vie. Son chemin commence par la peur du châtiment, reprise directement du Pentateuque, qui inspire l'effroi devant la possibilité de commettre le mal, l'injustice et la faute. Mais la crainte de la sanction n'est qu'un début, même le recul moral devant le mal n'est qu'un commencement. À terme, l'approfondissement de la crainte de Dieu conduit progressivement à la découverte de la grandeur divine. En ce dernier sens, la crainte ne désigne plus aucun sentiment de peur, mais l'émotion du sublime, instruite par la méditation de ce qui dépasse toute humanité. Par la conjugaison de la sagesse et de la crainte, la quête d'un trésor et le sentiment d'une grandeur cachée en tout précepte de la loi deviennent les principes fondamentaux de la Torah.

4. **La fin du judaïsme biblique.** – Cette évolution des buts et des méthodes du judaïsme, depuis l'institution

du Temple jusqu'aux textes dédiés entièrement à la quête de la sagesse et de la crainte, entraîne une redéfinition de la nature et du rôle des élites. Après la destruction du Temple, la perte de la royauté, l'exil et la disparition progressive de la prophétie, le modèle du sage s'impose comme le seul recours à la fois spirituel, moral et légal des élites du judaïsme.

Les témoignages bibliques touchant la direction politique et spirituelle du peuple sont particulièrement directs. Les livres historiques montrent l'affrontement des forces spirituelles, sociales et politiques qui régissent la société juive. La royauté, le sacerdoce et le prophétisme se conjuguent et se combattent dans un imbroglio perpétuel d'intérêts personnels et d'investissements religieux et moraux. Les moments de stabilité, lorsque ces trois composantes du judaïsme biblique ne sont pas en conflit, sont rares et toujours temporaires. La répartition des pouvoirs politiques et spirituels dans la société juive est un équilibre perpétuellement instable. Les maîtres de la tradition écrite et orale, représentés par le Sanhédrin, ne sont pas épargnés par les critiques des prophètes. La crise culmine lorsque les prophètes deviennent leur propre cible. Plus rien ne retient la dérive des élites, et le judaïsme semble se dissoudre de l'intérieur :

> « Les prêtres ne se demandent plus où est Dieu, les dépositaires de la Loi ne me connaissent plus, les pasteurs me sont devenus infidèles, les prophètes s'expriment au nom de Baal et poursuivent d'inutiles chimères (Jérémie II, 8). »

Du point de vue social, les chefs spirituels du judaïsme – rois, prêtres, maîtres de la loi, prophètes – demeurent en place jusqu'à la destruction du Temple. Mais du point de vue spirituel, la description de Jérémie signifie qu'une ère est close. Peu de temps après, la conquête babylonienne et la destruction du Temple (422 avant notre ère) anéantissent la société juive sur la terre promise. La plupart des élites sont déportées en Babylonie (Irak), et le noyau d'une autre forme de judaïsme est alors planté.

Les derniers écrits bibliques (Esther, Daniel, Esdras et Néhémie) sont contemporains de cette période de mutation. C'est l'époque de la formation des deux grandes diasporas de l'Antiquité : l'Égypte et la Babylonie. Dans chacun de ces pays se forme progressivement un autre judaïsme, lié à la fois aux conditions locales et à la dynamique intrinsèque des porteurs de la tradition. La diaspora babylonienne conservera une importance fondamentale pour l'ensemble du judaïsme pendant plus de mille ans. C'est d'elle que partit le mouvement de reconstruction du Temple, soixante-dix ans après sa destruction. Cependant, la direction politique du peuple juif resta en Babylonie, où elle demeura vassale et associée aux pouvoirs qui se succédèrent dans la région. Celui que le Talmud nomme Resh Galouta (« Exilarque ») conserva un pouvoir « royal » sur l'ensemble du peuple pendant très longtemps. Mais une partie conséquente des autres dirigeants reprit le chemin de la terre promise avec Esdras. Il s'agit des prêtres, des maîtres de la loi et des prophètes. Le rassemblement de ces derniers dans une assemblée aux larges pouvoirs sacerdotaux et spirituels en fit l'instance principale de la tradition juive. Ceux que l'on appelait « les hommes de la Grande Assemblée » furent les dépositaires de la loi et le premier maillon de ce qui devint par la suite l'époque de la *Mishna*.

Chapitre IV

# ÉPOQUE DU TALMUD

Avec les derniers livres de la Bible, au milieu du IVe siècle avant notre ère, une époque est close. Pour le Talmud, ce qui s'achève et s'éloigne ainsi est, d'abord, l'horizon d'une histoire providentielle marquée par les miracles. Désormais, la providence divine ne s'exerce plus que d'une façon souterraine et cachée. Les maîtres du Talmud (*Youma* 29a) repèrent cette mutation dans le livre d'Esther, car avec lui Dieu ne figure plus sur la scène de l'histoire.

« Pourquoi Esther est-elle comparée à l'aube ? Pour te dire que, tout comme l'aube est le terme final de la nuit, pareillement Esther est le terme final des miracles. »

L'aube n'est pas l'aurore qu'elle précède. Elle est nommée en hébreu « noire », car elle désigne le moment le plus obscur de la nuit, lorsque même la lumière des étoiles et de la lune disparaît, et que le soleil n'est pas encore levé. L'évidence biblique de la Présence et de la providence divine n'est plus soutenue, désormais, que par la foi. La force de la loi s'estompe aussi. Son auteur n'intervient plus expressément pour châtier les fauteurs ou pour sauver les justes. Dieu s'absente du monde ; c'est la fin de l'histoire sainte. Et bientôt, la fin de la prophétie.

## I. – Redéfinition des axes

Les maîtres du judaïsme réagissent à cette perte en prenant en main la tradition. Cette prise de contrôle s'exprime par le développement délibéré d'une nouvelle forme d'autorité et de décision, fondée sur une discipline intellectuelle, morale et sociale rigoureuse. La *Mishna* (*Avot* I, 1) introduit cette période par une instruction précise des gens de la Grande Assemblée :

« Ceux-ci dirent trois choses : soyez circonspects dans le jugement, dressez de nombreux élèves et faites une haie à la Torah. »

Ces trois directives instruisent les dimensions dans lesquelles le judaïsme rabbinique s'est constitué : la formation d'une pensée juridique globale, la diffusion de l'instruction et l'institution de lois d'origine humaine pour protéger l'enseignement et les préceptes de la Torah.

1. **L'art de juger.** – La nécessité de constituer un « art de juger », pratiqué dans les tribunaux, est fondamentale. Elle explique le développement extrêmement riche des pratiques juridiques dans l'ensemble du Talmud. Les tribunaux sont une institution de la Torah, laquelle prévoit l'installation d'un tribunal dans chaque ville, coiffé par une instance suprême, le Sanhédrin de Jérusalem. Sur cette base s'est développée une jurisprudence, à partir de laquelle le Talmud invente une pensée judicative puissante et très structurée : la *halakha* (du verbe *halakh*, « aller »). Comme un « guide », celle-ci couvre tous les domaines de l'enseignement de la Torah, en délimitant de façon concrète la forme et le contenu des obligations instaurées par les commandements divins.

Elle traite des rapports sociaux et économiques, des règles du permis et de l'interdit, du pur et de l'impur, etc.

La *halakha* est un mode de pensée à la fois conceptuel et existentiel, capable d'explorer n'importe quel problème relevant de la loi sous de multiples facettes. Deux exemples, parmi les plus courants : les concepts de *rov* et de *'hazaka*. La notion de *rov* dérive du principe de la décision à la majorité, pratiquée dans tous les tribunaux et les assemblées. Elle implique que, dans un ensemble dénombrable dont toutes les options sont binaires (permis/interdit, innocent/coupable, pur/impur, etc.), l'option majoritaire impose sa décision à l'option minoritaire. Généralisée, cette notion est appliquée à presque tous les domaines de la loi. Ainsi, par exemple, dans un mélange comportant à la fois un aliment permis et un aliment interdit, le raisonnement de base consiste à assimiler l'ensemble à l'aliment dominant.

La notion de *'hazaka* dérive du principe de continuité. Lorsqu'une situation s'installe, quelle qu'elle soit et quel que soit le domaine concerné, elle conserve de plein droit sa validité tant que la preuve du contraire n'a pas été faite. Par exemple, tout individu tenu pour le propriétaire légitime d'une chose ne peut en être dépossédé que par la preuve que la chose a été cédée ou abandonnée. Le même raisonnement vaut pour une situation de permis ou d'interdit, etc.

2. **Développement de l'instruction.** – Depuis l'époque de la Bible, les sages et les prophètes ont naturellement des disciples, qui apprennent auprès d'eux leur savoir. Et, par définition, le judaïsme comporte une instruction obligatoire. Celle-ci était dévolue aux pères, qui avaient pour commandement d'enseigner ce qu'ils

savaient à leurs enfants. Les plus chanceux et les plus zélés partaient ensuite étudier auprès des maîtres. Les hommes mourant jeunes, ce système laissait les orphelins sans éducation. C'est au tournant de notre ère que, progressivement, se mit en place un système scolaire universel, les pères cédant la place aux maîtres d'école, comme le décrit le traité *Baba Batra* 21a :

« Rappelez-vous en bien cet homme, il s'appelait Josué fils de Gamla ; car sans lui la Torah aurait été oubliée d'Israël. En effet, à l'origine, le père enseignait à son fils, mais celui qui n'avait pas de père ne pouvait apprendre. Pourquoi raisonnait-on ainsi ? À cause du verset : "Vous les *(otam)* enseignerez à vos enfants" (Deutéronome XI, 19) – vous les enseignerez vous-mêmes *(atem)* à vos enfants. Les sages instituèrent des maîtres d'école à Jérusalem. Quelle raison les fit agir ainsi ? À cause du verset : "De Sion provient la Torah et la parole de l'Éternel de Jérusalem" (Isaïe II, 3). Mais, derechef, c'était le père qui l'emmenait à Jérusalem pour l'instruire, et celui qui n'avait pas de père ne pouvait apprendre. Ils établirent donc des maîtres d'école dans chaque province et rendirent l'instruction obligatoire à partir de l'âge de 16 ou 17 ans. Mais, à cet âge, le jeune homme contre qui son maître se fâchait le rejetait et quittait l'école. C'est alors que Josué fils de Gamla institua des maîtres d'école dans chaque région et dans chaque ville, et rendit l'instruction obligatoire à partir de l'âge de 6 ou 7 ans. »

Cette institution ne cessa jamais, elle est considérée comme fondamentale par le Talmud. Selon les régions et les époques, elle fut complétée par la constitution des Yeshivot, réservées à l'approfondissement de l'étude, dans lesquelles toutes les dimensions de la tradition étaient examinées et réfléchies. Le nom dérive de la racine *yashav*, qui signifie « s'asseoir », et connote, comme en français, « l'assiduité ». Ces Yeshivot furent les centres de décisions les plus importants du judaïsme talmudique, en particulier en Babylonie. Certaines poursuivirent leur œuvre pendant plusieurs siècles. Mais elles ne devinrent jamais une institution obligatoire, contrairement à l'école.

3. **Les lois instituées par les maîtres.** – Aujourd'hui, nombreuses sont les lois que l'on appelle *dé-rabbanan*, littéralement « de nos maîtres ». Le principe en est antique. Le Talmud (*Baba Kama* 82a) attribue les premières institutions de cette sorte aux premiers prophètes, y compris à Moïse[1]. Mais à partir de l'époque d'Esdras, les règlements d'origine humaine se multiplient. Ils sont destinés à compléter l'enseignement de la Torah de Moïse, dans deux directions.

Le premier axe consiste à instaurer des lois nouvelles en fonction des enjeux contemporains. Il concerne, en général, le domaine liturgique. Or, le temps génère deux sortes d'enjeux : il introduit des faits nouveaux et il détruit des faits anciens. Ces faits nouveaux sont, par exemple, des événements marquants pour l'ensemble du peuple qui n'ont pas de précédent dans la Torah. Les sages instituèrent ainsi les fêtes et les rituels de Pourim et de 'Hanouka. Ils introduisirent ainsi des expériences et des notions inédites dans le cycle du temps liturgique.

Parallèlement, ils amplifièrent certaines pratiques de la Torah pour remplacer ce que la destruction du Temple et l'exil avaient anéanti. C'est le cas, principalement, de l'obligation de la prière quotidienne et de l'institution des synagogues, en remplacement de la disparition des pratiques sacrificielles commandées par la Torah. Le judaïsme liturgique est alors modifié en profondeur. Métaphores concrètes du culte sacerdotal, la récitation du *Shema* et la prière dans des lieux aménagés à cet

1. Cf. Maïmonide, *Mishné Torah*, *Hilkhot Tefila* XII, 1.

effet transportent la Présence divine dans tous les lieux d'exil d'Israël. La prière est considérée ainsi comme une offrande sacrificielle et se substitue à elle complètement. L'expiation des fautes, obtenue dans le Temple par les sacrifices, en particulier celui de Kippour, est remplacée par la confession privée, le repentir, les actes de charité et la supplication. Le principe de ces directives nouvelles provient souvent de l'enseignement de Moïse, mais leur transfert et l'intensification de leur importance sont l'œuvre des sages. Cette mutation profonde du judaïsme liturgique entraîne aussi un bouleversement social : alors que le culte du Temple pesait essentiellement sur les prêtres, descendants d'Aaron, l'ensemble du peuple est désormais affecté au service divin, à parts égales. Hormis une bénédiction particulière et quelques marques honorifiques, les descendants d'Aaron prennent place aux côtés des simples fidèles pendant les offices.

Le second axe consiste à compléter les lois de la Torah, en les protégeant et en les renforçant, comme une haie autour d'un champ. Cet effort concerne tous les domaines du judaïsme. Rares sont les préceptes bibliques qui ne sont pas encadrés par des règles nouvelles. Leur nombre dépasse ainsi de loin celui des commandements divins. Ces derniers deviennent, en quelque sorte, les noyaux de développements sans fin, perpétuellement enrichis, qui constituent des problématiques singulières pour l'esprit, en même temps que des terrains d'expériences humaines nouvelles. C'est ainsi, par exemple, que l'idée de repos le jour du shabbat est reconsidérée et redéployée autour de significations et d'enjeux inédits dans le Talmud. De la simple interdiction de travailler, le Talmud est passé à une réflexion plus générale sur les rapports de l'esprit humain avec les outils, les animaux, les charges domestiques, etc.

## II. – Formation du corpus talmudique

Le développement de la pensée juridique et la prise en charge des préceptes bibliques par les maîtres conduisirent progressivement à la création d'un corpus de textes originaux que l'on connaît sous les noms de Talmud et de *Midrash*.

Les noms Torah et Talmud sont formés grammaticalement de la même façon. Le premier dérive du verbe *hora* qui signifie, dans l'hébreu biblique, « montrer, enseigner » ; et le second du verbe *lamad* qui signifie « acquérir une instruction, apprendre ». Ces noms décrivent deux rapports distincts à la connaissance. La Torah est une leçon que l'on reçoit, une instruction et une donation préalable à tout acte d'apprendre. Le Talmud est l'activité d'étude et d'acquisition du savoir. Il est construit comme un apprentissage. C'est une donnée intrinsèque à son écriture et à son mode de compilation. En outre, le corpus talmudique s'est formé difficilement et lentement, sa composition s'étala sur plusieurs siècles. Car la transition vers l'écriture constitue, en soi, une rupture avec le principe de l'oralité.

1. **L'interdiction de l'écriture.** – La partition de l'oral et de l'écrit est radicale et rigoureuse dans la Torah. Ce clivage ne se réduit aucunement à une question de support matériel, sur lequel les paroles seraient « enregistrées ». C'est un clivage intrinsèque à l'enseignement, qui est lui-même un enseignement, défini par un interdit dans le traité *Guitïn* 60b :

> « Les choses données par écrit, tu n'as pas le droit de les transmettre oralement ; les choses données oralement, tu n'as pas le droit de les transmettre par écrit. »

Certaines paroles doivent être comprises à partir de la lecture d'un écrit, mais d'autres doivent être partagées au sein d'un échange oral et ne sont pas destinées à sortir de ce périmètre. Tous les livres de la Bible ont en commun d'avoir été donnés par leurs auteurs comme des enseignements écrits. Or, même si la lecture d'un texte écrit requiert un travail de traduction et d'interprétation, celui-ci conserve, malgré tout, une signification première et une vertu d'enseignement originaire qui caractérisent un enseignement transmis sous ce mode. Par rapport à l'oralité pure, l'écriture est une forme de communication universelle. En outre, elle implique un rapport d'extériorité fondamental entre le lecteur et l'œuvre qui restent séparés. La tradition (*Méguila* 7a) rapporte que les enseignements des prophètes ou du roi Salomon n'ont pas tous été mis par écrit. Certains restèrent oraux. L'écriture est un choix. Elle implique que les contenus véhiculés sont conçus dans un rapport au livre, qu'ils sont suscités par lui, que leur mode d'appropriation repose sur un rapport au texte, à la lettre, au déchiffrement. Tout texte écrit entretient donc un rapport étroit avec des formes littéraires établies, qui font la transition entre son contenu et son lecteur. La tradition écrite est le résultat d'une construction rhétorique particulière, souvent sophistiquée, fondée sur des protocoles et des modèles rhétoriques qui débordent forcément la seule aire culturelle de la Bible. Les textes écrits sont conçus pour participer aussi de plain-pied à la culture du monde environnant. Ils sont intentionnellement formulés pour circuler sous cette forme et être abordés à partir d'elle. Même si leur compréhension requiert une tradition orale, l'écrit suppose une orientation initiale, qui se suffit déjà à elle-même et constitue en soi un enseignement.

L'enseignement oral implique une autre forme de transmission. Par définition, celle-ci est davantage consensuelle, atypique et locale. Elle se communique dans le rapport entre maître et élève, elle est liée étroitement à la formation des écoles, aux frontières géographiques, aux mœurs régionales. Elle s'approfondit selon des consensus privés, souvent intransportables sous d'autres climats et intraduisibles en d'autres contextes sociaux. Elle repose sur des singularités individuelles qui impriment leur marque sur leur génération et leur contrée. Bref, les contenus que véhicule la tradition orale impliquent toujours un rapport humain, explicitement non textuel, et ils sont donc d'emblée socialisés selon des formes nécessairement spéciales, de caractère privé.

2. **L'écriture de la *Mishna*.** – La mise par écrit de ces enseignements brise leur nature sociale. Mais il y a des degrés d'écriture, y compris un niveau « zéro » qui consiste à transcrire simplement le contenu d'un cours ou d'un échange, ou même à rédiger une note pour des besoins de mémorisation. Celui-ci ne fut jamais prohibé. Il ne fut jamais interdit à un auditeur, par exemple, de prendre des notes, ni à un enseignant de coucher par écrit pour lui-même les choses nécessaires à son étude, ni d'échanger des lettres discutant de certains points de la loi. Ces « notes » privées étaient appelées des « rouleaux secrets », non pas parce qu'ils contiendraient quelque enseignement mystique, mais parce qu'ils étaient illisibles, comme le montre bien l'interprétation à laquelle le Talmud doit recourir pour en tirer la substance[1]. Étant écrites pour un usage strictement

1. Cf. *Shabbat* 6b, *Baba Métsia* 92a.

privé, ces notes ne disaient rien de sensé à un lecteur qui ignorait les circonstances de leur rédaction. Elles ne constituaient pas une « écriture ».

Mais, lorsque l'oralité se perdit elle-même, faute de maîtres et d'élèves en nombre suffisant, et que ses enseignements ne se transmirent plus, la prohibition du mode de diffusion écrit fut transgressée. Il était alors pressant d'offrir une base textuelle partagée par tous les juifs indépendamment des conditions géographiques et historiques. Au IIe siècle de notre ère, rabbi Juda, qui dirigeait alors ce qui restait du Sanhédrin, rassembla l'ensemble des traditions orales connues et les organisa de façon systématique. Il inventa un niveau de langue et une rhétorique particulière, un protocole d'écriture global capable d'en autoriser la lecture par tous, à condition de disposer d'une culture et d'un apprentissage minimum. Il s'agit des protocoles stylistiques qui permettent de lire, interpréter, déduire et construire une pensée cohérente, sur la base d'une lecture attentive aux raisonnements, aux problèmes, aux thèmes et aux ambiguïtés du texte.

Il créa ainsi la *Mishna*. Ce nom vient de la racine *shana*, qui signifie « enseigner en répétant ». La *Mishna* est un univers de propositions, sous forme de courtes séquences logiques disposées en séries et qui se répondent par symétrie. Leur combinaison ordonnée produit un noyau et une structure, mise à plat de la mémoire de la tradition orale.

Les six « ordres » de la *Mishna* couvrent tous les aspects individuels ou collectifs de la vie juive, incluant l'ensemble des relations « entre l'homme et son prochain » (matrimoniales, sociales, économiques, éthiques) et des relations « entre l'homme et Dieu » (prière, shabbat et fêtes, service du Temple, règles de pureté et d'impureté), ainsi que les règles spécifiques concernant l'habitation et l'exploitation de la terre d'Israël. Les maîtres de cette époque sont désignés, dans les textes ultérieurs, sous le nom de « Tanaïm », pluriel du mot *tana*, qui est la traduction araméenne de la racine *shana*. Les Tanaïm cités par la *Mishna* habitaient la terre d'Israël, et la langue de la *Mishna* est un hébreu modifié et épuré, très concis, qui servit de modèle à la langue hébraïque jusqu'à nos jours.

3. **Les *baraïtot* ou excédents de la *Mishna*.** – Mais rien ne peut remplacer le réquisit fondamental de la tradition orale, qui est d'opérer selon un consensus entre maître et élèves, et qui produit forcément une extrême diversité d'opinions. Très rapidement, il apparut que la concision de la *Mishna* faisait obstacle à sa diffusion. Les premiers élèves de rabbi Juda rédigèrent donc une autre série de textes, recueillant les traditions des écoles négligées par la *Mishna*, ou simplement insuffisamment exploitées par elle. Ces recueils donnèrent naissance à ce que le Talmud appelle communément des *baraïtot*. C'est un terme araméen qui signifie littéralement « les choses extérieures ». Il s'applique aux enseignements de la tradition des Tanaïm qui ne furent pas incorporés dans le recueil de rabbi Juda.

Une partie de ces enseignements fut recueillie dans un corpus agencé parallèlement aux traités de la *Mishna*, nommé *Tossefta* (« Ajout »). Une autre, composée essentiellement d'interprétations du Pentateuque qui dévoilent une partie des sources de la *Mishna*, fut recueillie sous forme de *midrashim* : la *Mékhilta* (sur l'Exode), le *Sifra* ou *Torat Kohanim* (sur le Lévitique), les *Sifri* (sur les Nombres et le Deutéronome). Ces *baraïtot* font état des opinions des écoles que n'a pas retenues rabbi

Juda et restituent les principales controverses sur les thèmes traités, ainsi que la méthode selon laquelle ces opinions ont été formées.

Sans ces compléments, la *Mishna* est incompréhensible. Grâce à eux, un enseignement consistant et rigoureux prend tournure. En soi, l'œuvre des Tanaïm est complète et achevée. Pourtant, le processus d'écriture est loin d'être clos. En fait, dès que le principe d'une diffusion écrite de la Torah orale commence à s'affirmer, il devient de plus en plus vaste et, comme le veut le mot de l'Ecclésiaste (XII, 12) : « Faire des livres multiples n'a pas de fin. »

4. **La *Gemara*.** – Après la mise en ordre écrite de la Torah orale, les œuvres produites furent apprises et étudiées en profondeur par les générations qui suivirent. L'ensemble formé par la Bible, la *Mishna* et les *baraïtot* devint la base de l'étude et de l'enseignement. Selon le développement normal de l'oralité, ces textes suscitèrent des questions inattendues, des discussions, des incompréhensions et entraînèrent la formation de nouvelles écoles et de nouvelles controverses. Cette époque est celle des Amoraïm, pluriel du terme araméen *amora*, qui désigne à la fois celui qui « déclare », « interprète » et « traduit ». N'étaient les conditions de l'exil, ces discussions auraient pu rester orales. Mais la même nécessité pesa sur les maîtres de l'époque, qui s'attelèrent à « compléter » (*gamar* en hébreu, qui donne *Gemara*) l'œuvre de leurs prédécesseurs. Cependant, en araméen, la racine *gamar* signifie d'abord « apprendre », au sens de « recevoir un enseignement ». En sorte que la *Gemara* désigne à la fois la réception et l'achèvement de l'enseignement.

Il en résulta deux compilations. La première, produite par les centres d'enseignement en terre d'Israël, qui succédèrent naturellement aux Tanaïm. La seconde, produite par les centres d'enseignement installés en Babylonie depuis le premier exil. On appelle Talmud l'ensemble formé par la *Mishna* et la *Gemara*. Le premier fut nommé « Talmud de Jérusalem » *(Talmoud yéroushalmi)*, le second « Talmud de Babylone » *(Talmoud bavli)*. La rédaction du Talmud de Babylone fut plus tardive que l'autre (au début du VIe siècle). Elle ne fut achevée, dans son état actuel, qu'à la brève période des maîtres Saboraïm (littéralement : « ceux qui exposent la pensée »), qui succédèrent aux Amoraïm dans les académies babyloniennes. Ceux-ci ont amendé certains passages, en expliquèrent d'autres et rédigèrent même entièrement quelques pages de la *Gemara* (le début du traité *Kidoushïn*, par exemple). Quelle que soit son origine, la langue commune des deux Talmuds est l'araméen parlé par les communautés juives du Moyen-Orient, avec des variantes dialectales en fonction des régions.

5. **Le *Midrash*.** – À l'époque des derniers Amoraïm commence aussi la rédaction d'une autre série de *midrashim*, de style littéraire et philosophique. À la différence des *baraïtot* mentionnées plus haut, ils explorent les couches de sens du texte biblique selon un axe moral et doctrinal, sur le mode existentiel et spéculatif. Proches de l'esprit des prophètes, ils « imaginent » les scènes bibliques en les amplifiant, faisant surgir des problématiques souvent entièrement nouvelles. Parmi les premiers qui furent écrits : le *Midrash Rabba* sur la Genèse, puis, progressivement, sur les autres livres du Pentateuque. Ces œuvres sont issues, directement ou indirectement, de l'enseignement des Tanaïm, et sont écrites en araméen. Mais le processus d'invention du

*midrash* se poursuivit jusqu'à l'époque médiévale, et parfois au-delà, en hébreu mishnique ou en araméen.

## III. – La voie du Talmud

1. ***Halakha* et *hagada*.** – Dans l'ensemble de la littérature de l'époque talmudique, il faut distinguer entre deux types de recherche et de préoccupation foncièrement différents : la *halakha* et la *hagada*. Par exemple, les *midrashim* qui explorent les sources de la *Mishna*, tels la *Mékhilta* ou le *Sifra* cités plus haut, sont dévoués à l'étude des commandements bibliques dans leur modalité existentielle et pratique et travaillent les textes selon un mode déductif. Les *midrashim* plus tardifs, tel le *Midrash Rabba*, explorent la signification morale, philosophique et psychologique des textes selon un mode imaginatif. Dans le même esprit, on trouve dans le Talmud des textes de facture logique traitant de la pratique des commandements divins ou des institutions des sages ; et des textes de facture littéraire, explorant les significations des textes bibliques, ou même purement allégoriques.

Cette partition n'est pas absolue. D'une part, les contenus abordés se recoupent souvent et se complètent pour donner une représentation combinée, dans laquelle la pratique des commandements et leur sens forment un tout indissociable. Le fait, par exemple, que le repos shabbatique soit associé, dans l'Exode, à la remémoration de la création du monde, ouvre un espace hagadique immense, recoupant parfois directement la pratique. Ensuite, les démarches logiques et imaginatives se mêlent à un certain degré dans chaque domaine. *Halakha* et *hagada* désignent donc plutôt des « voies » que des domaines définis.

La voie de la *hagada*, dans le Talmud et le *Midrash*, est essentiellement d'ordre doctrinal, psychologique et moral. Elle n'est pas nouvelle dans le judaïsme. Elle prolonge soit dans le style narratif, soit dans un style argumentatif sommaire, la forme littéraire et psychologique des textes prophétiques. Écriture de l'image, la *hagada* est parfois un conte ou un récit, parfois l'interprétation figurée d'un verset ; elle règne sur la métaphore, construit des caractères psychologiques, et personnalise même les éléments matériels. En revanche, la *halakha*, dans les *baraïtot* et la *Gemara*, est dominée par la forme discursive et argumentative. Discussion serrée et méthodique de l'interprétation d'un verset, échange d'arguments, le tout vécu sous l'empire absolu de la logique. Or, ces modes de discours n'ont pas valeur égale. Pour le Talmud, comme pour ses interprètes au long des siècles, la *hagada* n'a de légitimité qu'à proportion de ce que la *halakha* lui accorde. En sorte que les interprétations, les doctrines et les mœurs inspirées des textes hagadiques peuvent être balayées par les sources et les raisonnements halakhiques. À l'intérieur du Talmud, cette situation ne crée ni tension ni ambiguïté ; les maîtres de la *Gemara* passent avec aisance d'un registre à l'autre. Les mêmes enseignent une *halakha* et la prolongent par une *hagada*, et réciproquement. Bien que séparées, les deux voies se complètent. Il n'en va plus de même après la clôture du Talmud. Il existe une longue histoire des antagonismes entre les modèles halakhique et hagadique, qui s'est poursuivie au long des siècles sous des formes diverses, en particulier lorsque la Kabbale s'est imposée comme l'étalon doctrinal de la tradition hébraïque. À partir de l'époque médiévale, les textes hagadiques les plus abscons du Talmud et du *Midrash*, ainsi que les spéculations inédites instruites par l'interprétation du *midrash* et de la *hagada*, deviennent un enjeu de conflits majeurs au sein du judaïsme.

2. **Prophètes et sages.** – C'est donc essentiellement à travers la *halakha* que s'expose la voie du Talmud. Or, la *halakha* est fondée sur le deuil assumé de la prophétie. En effet, après la destruction du second Temple (70 de notre ère), le chemin tracé par Dieu pour ses créatures n'est plus éclairé par les révélations. Il ne s'agit pas de l'aveu d'un état de fait. Plutôt une redéfinition des modes de discours et d'argumentation. Les prophètes eux-mêmes attestent que l'inspiration prophétique est parfois trompeuse. N'est-ce pas l'esprit saint qui abuse certains rois par le mensonge ? Jérémie n'est-il pas en débat avec un « faux prophète », pourtant plus écouté que lui[1] ? Le recul face au style prophétique appartient déjà à la critique des prophètes.

L'inspiration divine ne peut, cependant, disparaître. Elle doit se transformer, comme décrit le traité *Baba Batra* 12a :

> « Depuis le jour de la destruction du Temple, la prophétie a été ôtée aux prophètes et donnée aux sages. Objection : le sage était-il exclu de la prophétie ? Voilà ce qu'il veut dire : Bien qu'elle ait été ôtée aux prophètes, elle n'a pas été ôtée aux sages. »

Les sages ne sont pas moins inspirés que les prophètes, peut-être le sont-ils même plus, puisque le Talmud déclare que « le sage est préférable au prophète ». Leur sagesse est pénétrée de sentiments et d'intuitions. Mais cette inspiration n'est évidemment pas du même registre que l'autre. La sagesse n'est pas

1. Voir respectivement I Rois XXII, 21 *sq.* et Jérémie XXVIII.

visionnaire. Pour le Talmud, qualifier un propos de « prophétisant » *(néviout)* est une critique sévère ; l'épithète s'applique à toute déclaration dépourvue d'explication. Affirmer ou nier quelque chose sans le justifier, sans en rendre raison, c'est se prendre pour un prophète recevant directement ses opinions de Dieu. Cela n'est plus accepté après la destruction du Temple. En rompant avec le discours prophétique, encore très virulent à son époque et longtemps après, la tradition juive s'est donné un nouvel axe. Elle exclut ainsi de son champ l'immense littérature pseudépigraphique qui fleurit pendant toute la période du second Temple ; ainsi que les diverses sortes de discours et pratiques inspirés qui renaissent périodiquement à travers les âges, jusqu'à l'époque contemporaine.

3. **L'argumentation talmudique.** – Le discours de la *halakha* revendique pour lui seul l'autorité légitime de tous les domaines du judaïsme. Comme toutes les mutations de la tradition, celle-ci s'articule fermement aux enseignements antérieurs et les relance sous une forme nouvelle. La *halakha* investit trois domaines : elle instaure les modèles d'une lecture de la Bible ; elle recueille l'ensemble de la tradition orale prescriptive ; elle définit un mode de pensée et d'argumentation spécifique. Cette refonte est si impérative qu'elle déborde aussi sur la forme discursive du *midrash* hagadique.

L'interprétation des textes bibliques est étalonnée par le *drash*, mode de commentaire et d'exposition typiquement talmudique, duquel résulte une *drasha*. Le recueil de ces *drashot* a pour nom *« midrash »*, littéralement « ce qui provient du *drash* ». Le verbe *darash* signifie en hébreu mishnique « interroger » et « exiger ». Il est employé, par exemple, pour qualifier l'interrogation des témoins dans un procès. C'est donc un questionnement des textes qui attend d'eux une réponse. Il est mené selon des réquisits précis. Ces principes herméneutiques, telles les sept règles de Hillel ou les treize règles de rabbi Ismaël, sont attribués à l'enseignement des Tanaïm. Certains auteurs voient dans ces principes un héritage, direct ou indirect, de la tradition orale sinaïtique. D'autres, au contraire, les associent aux institutions *dé-rabbanan*, d'origine humaine. À ces règles s'ajoutent des procédés d'interrogation littérale du texte, de sa structure logique, de ses redoublements, de ses omissions, de ses « lapsus », jusque dans ses lettres. L'ensemble de ces procédés structure le rapport du Talmud à la Torah de Moïse. Le nombre des principes herméneutiques propres à la *hagada* s'enrichit, en outre, avec le temps. Les compilations les plus tardives, comme le *Midrash Hagadol* (XIVe siècle) en compte 33.

Ces procédés sont relayés et enveloppés par la dialectique argumentative. Dans la *halakha*, l'interprétation d'un verset ne vaut jamais pour elle-même, elle n'est qu'un argument dans une discussion. Il en existe d'autres, dont les principaux sont les traditions orales *(kabalot)*, l'opinion droite *(svara)* et l'évaluation rationnelle *(shikoul hadaat)*. Les traditions évaluées par le Talmud sont aussi bien des traditions antiques, dont certaines remontent aux premières générations de prophètes, que les déclarations des Tanaïm transmises oralement par leurs élèves, de bouche à oreille. Ces traditions sont discutées et parfois réfutées, en fonction de l'opinion de la majorité des sages et des autres arguments qu'ils mobilisent.

L'opinion droite est un jugement de l'esprit correctement formé à partir d'une expérience juste. La force du pur jugement de l'esprit est telle dans le Talmud qu'elle se passe de confirmation scripturaire[1]. Cette capacité s'acquiert à travers l'étude des enseignements de la tradition orale, dans l'effort pour en comprendre le sens[2]. Quant à l'évaluation rationnelle, elle consiste à arbitrer entre des opinions contraires, dans le cadre d'une controverse[3]. Par extension, elle s'applique aussi à l'évaluation des aspects contradictoires, intrinsèques à certaines questions. Il ne s'agit pas tant d'un raisonnement que d'une comparaison consistant à « peser » *(li-shkol)* le poids et la force des aspects opposés d'une question, ou des arguments en controverse, de façon à déterminer lequel l'emporte sur l'autre ; et si aucun ne l'emporte, à laisser la question ou le débat ouvert.

L'argumentation talmudique est donc riche et diverse, elle s'établit au milieu d'opinions multiples, et les débats sont tranchés, en général, à la majorité. Il importe de comprendre que la *halakha*, c'est-à-dire la règle à suivre ou la loi, n'est pas fixée par la *Mishna* mais à travers la discussion que soulève son étude[4]. Cette situation se stabilise relativement à l'époque médiévale, mais les discussions soulevées par la *Gemara* rebondissent régulièrement et s'enrichissent toujours de problématiques nouvelles, y compris à l'époque contemporaine. Au bout du compte, c'est la faculté de juger (à tous les sens du terme) qui structure la pensée talmudique, et fait sa force et sa fécondité. Les modèles discursifs du Talmud et du *Midrash*, l'autorité dévolue à la faculté de juger, deviennent les schèmes fondamentaux avec lesquels se débat tout le judaïsme ultérieur.

1. Cf. *Berakhot* 4b, *Youma* 82b, etc.
2. Cf. *Berakhot* 6b et commentaire de Rashi.
3. Cf. *Sanhédrin* 6a.
4. Cf. *Sota* 22a.

Chapitre V

# ÉPOQUE DES EXÉGÈTES

Dès la destruction du Temple, les Juifs commencent à essaimer autour de la Méditerranée. Ils s'installent en Afrique du Nord, en Italie, en Espagne, et pénètrent peu à peu en Provence, en France du Nord, en Allemagne, en Angleterre. Faute d'élites appropriées, cette dispersion se traduit d'abord par une forte dépendance culturelle des communautés de la Diaspora à l'égard des anciens centres d'enseignement. Et, puisque les foyers d'enseignement installés en Terre sainte déclinent progressivement, les Yeshivot de Babylonie assoient leur prééminence sur l'ensemble de la Diaspora. Cette époque de transition dure quelques siècles.

Pour la tradition écrite, c'est un temps de clôture. Le développement de la Massorah atteint son terme à travers les travaux des écoles de Ben Asher et Ben Naftali entre le VIII<sup>e</sup> et le X<sup>e</sup> siècle à Tibériade. C'est là aussi que furent fixées les formes de notation des voyelles et des signes de cantillation. Les rapports entre l'« écrit » et le « lu » se stabilisent selon des modèles qui sont encore les nôtres aujourd'hui. Et la tradition de lecture du texte biblique est désormais consignée dans un système de signes écrits.

En regard de la tradition orale, les Geonim (« Éminences »), qui dirigent les Yeshivot de Babylonie, s'efforcent de compléter et prolonger l'enseignement du Talmud. Leurs œuvres furent principalement des commentaires et des synthèses des notions de la *Gemara*, ainsi qu'une immense littérature de réponses aux questions que leur adressaient leurs compatriotes, partout dans le monde. Correspondant avec les principaux foyers d'exil, ils furent, pendant près de cinq siècles, les dirigeants spirituels de la majorité du peuple. Le Talmud de Babylone devint ainsi la base universelle du judaïsme et s'imposa aux diverses communautés comme la référence majeure dans tous les domaines. En outre, pour répondre aux karaïtes, ils ouvrirent des espaces intellectuels nouveaux dans lesquels s'engouffra le judaïsme ultérieur. Bien des dimensions que le judaïsme européen a développées par la suite commencent à cette époque. Saadia Gaon (Xᵉ siècle) et Samuel ben 'Hofni Gaon (Xᵉ-XIᵉ siècles) furent ainsi les premiers commentateurs et traducteurs de la Bible en arabe. Dans leurs traités se manifeste, pour la première fois, le souci d'une lecture littérale de la Bible, indépendante du *midrash*, dont le modèle s'impose ensuite à la plupart des commentateurs médiévaux. On doit aussi à Saadia Gaon les premiers écrits philosophiques et théologiques de l'histoire juive, en particulier le *Séfer Haémounot Vehadéot* (« Livre des croyances et des doctrines »), rédigé en arabe en 933. L'ouvrage pénétra profondément l'esprit du judaïsme et fut un modèle à la fois rationnel et doctrinal majeur jusqu'à l'époque de Maïmonide, et même, plus discrètement, au-delà. À travers l'œuvre de Saadia Gaon apparaît une nouvelle figure du maître du judaïsme, réalisant un difficile équilibre entre la science gréco-arabe et la sagesse des anciens, qui ouvre la voie aux érudits de l'époque médiévale. Savant versé dans les disciplines de la Torah et dans les disciplines scientifiques et littéraires de son temps, il fut à la fois exégète du Talmud et de la Bible, linguiste, poète liturgique, philosophe et théologien, en même temps qu'un redoutable polémiste.

L'époque des Geonim s'achève vers le XIe siècle, lorsque se développent les centres d'enseignement européens.

## I. – Textualité et transmission de la *halakha* à l'époque médiévale

Malgré tous les compléments apportés par les Saboraïm et les Geonim, le Talmud ne se présente pas sous la forme d'un ouvrage achevé et définitif. Ses rédacteurs ne l'ont jamais voulu tel mais plutôt comme une somme de recherches anarchiques. Certains aspects sont explorés en profondeur, d'autres sont à peine abordés. Les exposés les mieux structurés, les plus argumentés, comportent une large part de controverses et posent autant de questions qu'ils en résolvent. Le Talmud n'est pas agencé comme un « livre » pourvu d'un début et d'une fin. Il se substitue à la tradition orale sans en finir avec elle. Il fournit un enseignement au sein duquel le lecteur est invité à réfléchir pour comprendre. Il offre peu de conclusions explicites. On pénètre dans le Talmud comme dans une vaste école, dans laquelle s'expriment des maîtres différents. Ils transmettent un souci commun, accompagné d'instruments de réflexion. Ils font comprendre les enjeux d'un verset biblique, d'une pensée, d'un problème concret. Mais ils ne donnent pas de méthode unique et universelle permettant de résoudre les questions et de décider d'une pratique. Toujours en excès ou en défaut, le Talmud est une école ouverte et plurielle qui offre une pléthore de méthodes différentes de réflexion et d'interprétation, sous-tendues par des sensibilités divergentes, touchant une multiplicité de domaines.

1. **Place de la *Gemara* et rôle du maître.** – L'étude du Talmud requiert donc l'assistance d'un maître expérimenté, capable de débrouiller l'écheveau compliqué des argumentations, de reconnaître et d'indiquer les points importants et ceux qui le sont moins, de résoudre les contradictions entre les passages et d'agencer les dimensions différentes du texte. Les niveaux de pénétration et d'intelligence du texte talmudique sont nombreux. En ce sens, le Talmud ne remplace pas le maître puisque celui-ci enseigne sa compréhension. Cependant, la position du maître a changé. Car l'enjeu de l'étude n'est plus de recueillir l'enseignement et la tradition de sa bouche, mais à travers la connaissance de la *Gemara*. Celle-ci est devenue le foyer de toute pensée. Et elle occupe désormais la place réservée auparavant aux sages, qui s'étaient substitués eux-mêmes aux prophètes.

La substitution du texte au maître est explicite chez les commentateurs. Le Talmud (*Sota* 21b) interroge ainsi une figure que la *Mishna* appelle « une crapule rusée » :

> « Oula dit : c'est quelqu'un qui a lu la Bible, qui a répété l'enseignement de la *Mishna*, mais qui ne s'est pas fait serviteur des disciples des sages. »

Dans l'esprit du Talmud, cette formule dénigrante vise l'imposteur qui méconnaît le cœur vivant de la tradition orale. L'homme qui connaît la Bible et la *Mishna*, mais n'a pas étudié avec assiduité auprès des « disciples des sages », n'est qu'un ignorant, incapable de comprendre et de décider la *halakha*. Simple charlatan qui abuse les autres en affichant un savoir qu'il ne possède pas.

Lorsque, cinq siècles après, Rashi (France, 1040-1105) explique ce passage, il substitue, à l'étude assidue auprès des sages, la connaissance du texte de la *Gemara*. Selon lui, le vice de ce charlatan est que :

« Il n'a pas appris le mode de penser de la *Gemara* dans l'explication des raisons qui motivent les enseignements de la *Mishna*. C'est une "crapule", car sa Torah n'est pas fondée et il ne faut rien apprendre de lui. Car seule la connaissance de ces raisons permet de distinguer entre ce qui est permis et ce qui est interdit, de rendre quitte ou coupable de paiement dans le domaine économique, ou de statuer sur le pur et l'impur. Et c'est pourquoi la *Gemara* demande toujours : "Pour quelle raison untel dit-il ceci et un autre cela ?" Et "quelle différence entre leurs avis ? Voici ce qui les différencie, etc.". »

Pour Rashi, la fréquentation de la *Gemara* remplace celle des sages. Le Talmud, et sans doute s'est-il voulu tel, est pour les générations ultérieures l'école de pensée qui remplace l'enseignement vivant du sage. La position du maître est désormais changée. Disciple lui aussi du Talmud, son commerce passe par la compréhension et l'interprétation du texte. Élèves et maîtres se rapprochent, l'autorité de la parole du maître est prise sous condition. Il en résulte deux grands courants de *halakha*, fondés sur des appréciations contradictoires devant la situation ainsi créée.

2. **Extension du texte talmudique.** – Pour les uns, la nouvelle base offerte par le Talmud libère la *halakha* de ses contingences locales. L'étude de la loi acquiert une dimension universelle. Poursuivant l'œuvre des Geonim, ils reprennent à leur compte les procédures de la *Gemara* et lui appliquent ses propres catégories discursives, en prolongeant et en complétant toujours davantage l'œuvre talmudique. Ce courant est représenté

massivement par l'école de Rashi et des Baalé Hatossafot (France-Allemagne, entre le XIe et le XIIIe siècle). Leurs ajouts et leurs commentaires sont, à la fois, des explications du Talmud et des extensions. Ils inventent des problématiques nouvelles en combinant les textes ou en appliquant des démarches connues à des domaines inédits. Sans revendiquer expressément d'autorité pour eux-mêmes, leurs ajouts s'insèrent dans la compréhension du texte. L'étude est leur seule loi. Parallèlement, toutes les pratiques du judaïsme doivent pouvoir corroborer l'étude. Ils instaurent un lien très fort, et du coup aussi une tension très vive, entre les us et coutumes du judaïsme et l'acuité intellectuelle née du commerce avec le Talmud. Il leur arrive de modifier purement et simplement une *halakha* de la *Gemara* en fonction de l'évolution des mœurs ; et inversement de modifier des pratiques ancestrales en fonction de leur compréhension de l'argumentation talmudique. Il s'agit donc d'un modèle extrêmement libre d'interprétation du texte, qui se donne pour seule règle d'employer les méthodes talmudiques. Aucune autre loi ni autorité n'est requise pour décider l'interprétation et l'application de la loi. L'argumentation talmudique, l'acuité intellectuelle et l'évaluation rationnelle des avis divergents sont les seuls critères.

Cet état d'esprit a formé une bonne partie du judaïsme ashkénaze. Symptomatiquement, depuis la première édition du Talmud imprimée à Venise au XVIe siècle, la forme canonique d'une page du Talmud est accompagnée des commentaires de Rashi (marge intérieure) et des Baalé Hatossafot (marge extérieure). À l'époque des A'haronim (« Derniers »), maints commentateurs du Talmud suivirent cette démarche. Les plus connus et les plus systématiques sont le commentaire de rabbi Samuel Eliezer Halevi Edels (ou « Maharsha », Pologne,

1555-1631) et les écrits de rabbi Salomon Louria (ou « Maharshal », Pologne-Lituanie, 1510-1574). Cet effort d'extension du texte talmudique, qui a enrichi considérablement l'intelligence de la tradition, se poursuit inlassablement dans le judaïsme ashkénaze. À partir du XVIII$^{e}$ siècle, sous l'impulsion du Gaon de Vilna et de ses élèves, la Biélorussie devient un foyer de Yeshivot (Slobodka, Mir, Poniewitz, Telz, etc.) entièrement consacrées à ce mode d'étude à la fois rigoureux et inventif. Après l'anéantissement du judaïsme européen, c'est aux États-Unis et surtout en Israël que se reforma le monde des Yeshivot, en particulier sous l'impulsion de rav Moshé Feinstein (Biélorussie-États-Unis, 1895-1986), rabbi Isaac Zev Soloveitchik (« Brisker Rov », Biélorussie-Israël, 1886-1959) et de rabbi Abraham Yeshayahou Karelitz (« 'Hazon Ish », Biélorussie-Israël, 1878-1953).

3. **Dérive de la transmission.** – Le second grand courant dans lequel s'engagea la pensée talmudique après l'époque des Geonim est né d'une réaction symétrique à la précédente. Car la relégation du maître au rang d'interprète de la *Gemara* crée aussi un hiatus dans la transmission. Regardant le texte écrit de la *Gemara* comme la seule source réelle d'autorité et de jugement, le prestige des maîtres diminue, et les élèves se libèrent plus rapidement de leur tutelle. Dans le cadre d'une tradition, cette libération n'est pas un gain mais une perte. Les générations nouvelles sont moins bien formées, et le phénomène s'accentue au cours des siècles. L'incompréhension de la *Gemara* et des textes de l'époque talmudique en général produit une dérive majeure qui finit par s'emparer des structures de décision du judaïsme.

En témoigne la réponse que donna rabbi Joseph ibn Migash (Espagne, 1077-1141), quelques dizaines d'années après Rashi. Son correspondant s'insurgeait contre les juges qui ignorent le commerce véritable avec la *Gemara*, et se contentent de trancher les questions et de régler les différends sur la base des réponses déjà données par les Geonim, dans les recueils de leurs décisions. Fidèle, au fond, à la tradition représentée par Rashi, il leur reproche leur ignorance des raisons qui sous-tendent ces décisions. Cela signe, à ses yeux, leur incompétence. Or, bien que sur le fond rabbi Joseph ibn Migash ne peut qu'être d'accord avec lui, dans les faits, il prend le contre-pied de la thèse.

« Sache que l'individu contre lequel tu t'insurges est davantage digne de décider que les nombreux individus qui se sont posés comme juge à notre époque (...) Ce sont, au contraire, ceux qui s'imaginent décider de la loi à partir d'une réflexion approfondie dans la *halakha* et dans le Talmud, qu'il faut empêcher d'agir. Car il n'existe plus, de nos jours, d'individu capable d'atteindre le niveau requis pour juger sur la base de la science talmudique et de sa réflexion personnelle, s'il n'a pas compris la pensée des Geonim. Tandis que celui qui juge d'après les réponses des Geonim et qui se fie à elles, même s'il n'est pas compétent dans le Talmud, est davantage digne de cette tâche que celui qui se croit compétent dans le Talmud et se fie à lui-même (...) Il n'existe plus de nos jours d'individu capable d'atteindre à travers l'étude du Talmud un niveau suffisant pour juger. »[1]

1. Cf. *Shéélot vé-Téshouvot lé-Rabénou Yossef Halévi ibn Migash*, 114 ; Jérusalem, 1991, p. 102.

Rabbi Joseph ibn Migash était l'élève de rabbi Isaac Alfassi (« Rif », Maroc-Espagne, 1013-1103), auteur de la première compilation halakhique du Talmud. Il fut le maître du père de rabbi Moïse ben Maïmon (« Maïmonide », Espagne-Égypte, 1138-1204). Pour eux, le Talmud n'est pas une plate-forme de pensée universelle supportant ajouts et extensions, mais un exercice argumenté destiné à fonder des jugements. Seules comptent les conclusions du Talmud, et Maïmonide se moque des « talmudistes » qui perdent leur temps et forgent des fictions en analysant la multiplicité des controverses de la *Gemara*. L'essentiel n'est pas l'interprétation des avis multiples dont le Talmud est encombré, mais la connaissance et la compréhension des modes de décision et de jugement. La position décisive n'est pas celle de l'interprète mais celle du juge, qui est d'abord un arbitre. Aux yeux de Maïmonide, l'autorité des textes écrits, et la liberté d'interprétation qu'ils suscitent, n'est qu'une illusion, qui n'impressionne que les étudiants. L'oralité et la tradition des maîtres et des juges restent fondamentales. Or, celle-ci se perd et est remplacée par des approximations d'étudiants. De ce jugement sont nées les grandes sommes éthico-juridiques et doctrinales qui caractérisent une partie du judaïsme séfarade.

4. **Le *Mishné Torah* de Maïmonide.** – Pour Maïmonide, la tradition orale n'est pas un lieu d'inventions ou d'interprétations ingénieuses élaborées au fil du temps. Hormis les institutions *dé-rabbanan*, la tradition orale de la Torah est aussi antique que la révélation du texte écrit. Elle ne date pas de l'époque talmudique. Les Tanaïm et les Amoraïm ne font que véhiculer un contenu instruit par la révélation prophétique. Les discussions talmudiques ne sont, pour la plupart, que des

modes d'exposition d'une notion ou d'une *halakha*. Il ne faut pas se laisser prendre à leur dialectique mais comprendre en profondeur les prémisses reçues sur lesquelles reposent ces discussions, et les conclusions qui s'en dégagent. Or, et il partage en cela l'avis de rabbi Joseph ibn Migash, les générations sont de moins en moins à la hauteur de cette tâche. Il est plus facile de disserter à l'infini sur un texte que d'en analyser les prémisses nécessaires et d'en tirer la conclusion théorique et pratique. La remémoration de la Torah, qui est la cheville ouvrière de la tradition, fonctionne de plus en plus mal.

Pour pallier le défaut de transmission, le judaïsme espagnol s'est attelé très tôt à constituer des compilations de la *halakha*. Mais aucune synthèse ne peut rivaliser avec le *Mishné Torah* de Maïmonide. Cet ouvrage recueille l'ensemble des traditions de la *Mishna*, des *baraïtot*, des deux Talmuds et des Geonim. Il déborde même les cadres habituels du judaïsme puisqu'il intègre dans ses « règles fondamentales » les principaux éléments de la physique de son temps. C'est une œuvre monumentale devant laquelle s'inclinèrent même ceux que la concision du style, les jugements sans appel contre la magie et les emprunts à la philosophie aristotélicienne irritaient infiniment.

Dans son introduction, Maïmonide situe son ouvrage dans le prolongement direct de la compilation de la *Mishna* et du Talmud. Les mêmes causes produisant les mêmes effets : la dérive de la transmission, du fait des conditions matérielles et spirituelles du peuple juif en exil, du faible nombre des maîtres et des élèves et du manque de capacité et de désir des étudiants, conduit la Torah à sa perte. Pour faire barrage à l'usure progressive de la mémoire du judaïsme, il faut assumer la fin de l'oralité et en tirer les conséquences. Le texte du *Mishné Torah*, dans sa simplicité, sa concision et son extension, résume toutes les conclusions de la tradition orale et est destiné à remplacer entièrement le Talmud et le *Midrash*. En matière de loi, ce livre doit suffire. Thèse contradictoire pour ceux qui se méfient de l'écriture, mais devenue irrémédiable dans le judaïsme médiéval, puis moderne : une somme de conclusions circonscrit l'étroit périmètre d'une étude défaillante.

Le courant initié par les Baalé Hatossafot n'a pas accepté cette substitution. Il était évident pour lui que le texte talmudique n'était pas remplaçable. Tout l'effort tendait, au contraire, à accroître son argumentaire, non à le réduire à ses seules conclusions. Or, à travers l'enseignement et les écrits de rabbi Moïse ben Na'hman (« Na'hmanide », Espagne-Israël, 1194-1270) et de rabbénou Asher ben Ye'hiel (« Rosh », Allemagne-Espagne, 1250-1327), ce courant a débordé le monde ashkénaze et pénétré toute la péninsule Ibérique. Même le judaïsme de Provence, souvent acquis à Maïmonide sur le plan philosophique, restait plus proche du modèle exégétique des Français et des Allemands dans le domaine talmudique. En sorte que seuls les juifs du Yémen adhérèrent complètement au projet de Maïmonide. Dans le reste du monde juif, son œuvre fut reçue comme une interprétation parmi d'autres, certes cruciale du fait de sa puissance, sa rigueur et sa cohérence, mais incapable de se substituer au dialogue permanent des textes.

## II. – Évolution des interprétations et modèles nouveaux

Au moment où, dans la *halakha*, le texte se substitue au sage et supplante l'oralité, à la même époque naît le commentaire biblique moderne axé sur l'explication du sens littéral *(pshat)* du texte. Cette orientation traduit un abandon du *midrash*, partiel chez les uns, systématique chez les autres. Les commentateurs bibliques les plus importants du judaïsme – Rashi (France, 1040-1105), Ibn Ezra (Espagne, 1092-1167) et Na'hmanide (Espagne-Israël, 1194-1210) – renouvellent ainsi en profondeur l'interprétation de la Bible.

1. **Invention du sens littéral.** – On imagine à tort que le sens littéral a forcément précédé l'explication midrashique des versets. Comme si le second n'était qu'une signification dérivée, métaphorique, du premier. En réalité, le *pshat* et le *drash* n'ont rien à voir. Ces deux approches des versets bibliques sont connues depuis toujours. Le Talmud rappelle qu'un verset conserve toujours son sens littéral et contextuel. Mais jamais ce mode de lecture n'a eu d'importance avant l'époque des Rishonim. Car l'essentiel a toujours été le *drash*, qui engendre directives et lois, contes et allégories, au contact du verset. Comme en témoigne rabbi Samuel ben Meir (« Rashbam », France, 1085-1158), le petit-fils de Rashi :

« Que les amants de la raison comprennent bien ce que nous enseignèrent nos maîtres : "un verset ne perd jamais son sens littéral" (*Shabbat* 63a). Même si le but essentiel de la Torah est de nous apprendre et de nous enseigner, au moyen des allusions du sens littéral, des allégories *(hagadot)*, des règles de vie *(halakhot)* et des lois *(dinim)*, au moyen des répétitions et des 32 règles d'interprétation de rabbi Eliezer fils de rabbi Yossi le Galiléen, ainsi que des 13 règles d'interprétation de rabbi Ismaël. Les anciens, du fait de leur zèle, se consacrèrent surtout aux déductions tirées des versets *(drashot)*, qui sont l'essentiel. Ils n'étaient donc pas familiers de la profondeur du sens propre de l'Écriture […] ainsi qu'ils le dirent dans le traité

*Shabbat* (63a) : “J’ignorais jusqu’à maintenant qu’un verset conserve toujours son sens littéral.” Rashi aussi, le père de ma mère, l’œil de l’exil, qui expliqua les livres de la Torah, des Prophètes et des Hagiographes, prit soin d’expliquer le sens littéral des versets. Moi-même, Samuel fils de Meir son gendre, j’ai polémiqué avec lui en sa présence, et il m’avoua que s’il pouvait trouver le temps, il aurait besoin de faire d’autres interprétations, car les sens littéraux *(pshatot)* se renouvellent chaque jour. »[1]

La confusion la plus grave serait de confondre le sens littéral et contextuel d’un verset avec un prétendu « sens obvie », donné là, évident, et n’attendant que d’être relevé. Il est manifeste, dans ce témoignage, que le sens « littéral » d’un verset n’est pas une donnée et encore moins une évidence. Il est au contraire le résultat d’une construction méthodique fondée sur l’intelligence du texte. Ce qui explique qu’il n’existe pas de sens unique d’un verset, mais une pluralité, qui « se renouvelle chaque jour ».

La construction du sens littéral et contextuel au détriment du sens midrashique traduit une nouvelle relation à la tradition écrite. À l’origine, la démarche du *drash* tend à minimiser la discursivité interne du texte, elle s’en tient aux résonances des mots, à leur riche mémoire intrinsèque et à leurs connexions subjectives extrinsèques. Elle est certes une démarche construite et argumentée, qui s’expose elle-même discursivement ; mais sa perception du texte est immédiate et intuitive. Le *midrash* ne « lit » pas le texte dans sa linéarité, il intercepte ses singularités. C’est une méthode de lecture tournée vers l’interprète, un bâti d’intuitions et de corrélations incluant complètement le lecteur. Tandis

1. Cf. son commentaire sur Genèse XXXVII, 2.

que la méthode du sens littéral est, au contraire, une lecture distanciée et attentive, qui veut établir la signification des mots dans leur contexte, en fonction des connexions intrinsèques entre les mots, les phrases, les paragraphes. Le lecteur de la Bible s'est déplacé : il ne fait plus corps avec le texte ni n'entre plus en résonance directe et immédiate avec lui, l'interpellant de ses questions et attentif au moindre frémissement de réponse. Le livre est maintenant posé à plat devant lui et « dénudé » (tel est le sens du mot *pshat*) ; le dialogue s'établit après un partage rigoureux des places.

Dans le Talmud (*Makot* 22b), la symbiose du sage avec la Torah est telle qu'il est perçu comme un « livre de Torah vivant », dont la parole est plus forte que le texte :

> « Rava dit : Comme les autres gens sont sots, ils se lèvent devant un rouleau de Torah mais ne se lèvent pas devant un grand homme. »

À partir de l'époque médiévale, pareille affirmation serait une métaphore. L'ensemble du rapport au *midrash* se déconstruit. La Bible tend à devenir un texte indépendant des hommes, doté d'une autonomie discursive ; et la tâche de l'interprète est d'identifier le discours biblique au fil de sa lecture. Parce que la déconstruction du *midrash* est une entreprise à la fois littéraire et existentielle, elle se stabilise à des niveaux différents selon les auteurs. Rashi est plus proche du *midrash* que Na'hmanide, qui en est à son tour plus proche qu'Ibn Ezra et Rashbam. Mais tous comprennent désormais la Bible comme un « texte » agencé selon une langue, une écriture et pourvu de lois propres.

Ce qui explique, à la même époque, le développement de la grammaire. L'étude des formes grammaticales et lexicales de l'hébreu biblique commence au temps des Geonim, à travers les travaux de Saadia Gaon, Mena'hem ben Sarouk (Espagne, 920-970), Dounash ben Labrat (Maroc-Espagne, 920-990) et Yona ibn Janna'h (Espagne, *c.* 990-1050). Les plus célèbres grammairiens sont Abraham ibn Ezra, Joseph Kim'hi (Provence, 1105-1170) et son fils David Kim'hi (« Radak », Provence, 1160-1235), et enfin Profiat Duran (Isaac ben Moshé Halévy, *Maestre Profiat Duran*, Espagne, 1350-1415). Tous ces auteurs, souvent en controverse les uns avec les autres, étaient à la fois des exégètes et des grammairiens, parfois des philosophes. Pour les grammairiens les plus radicaux, l'interprétation midrashique tombe, pour ainsi dire, à l'extérieur du texte biblique. Alors que Rashi se contente souvent de choisir entre les *midrashim* celui qui paraît approprié au contexte du verset ; alors que Na'hmanide, plus critique envers le *midrash* et la *hagada*, entreprend cependant souvent d'expliquer leur mode de lecture ; en revanche, pour les grammairiens, le *midrash* a perdu toute pertinence intrinsèque, il n'est plus qu'une tradition extérieure au texte, un simple témoin, comme le dit Abraham ibn Ezra dans l'introduction à son commentaire de la Genèse :

> « Vis-à-vis du *drash*, la voie du *pshat* ne constitue pas un écart, car il y a 70 faces à la Torah. Toutefois, dans les enseignements, les règles de droits et les lois, si l'on trouve deux significations aux versets et que l'une corresponde aux dires des transmetteurs de la Torah, qui étaient tous des justes, nous nous fierons à leur vérité, sans douter et en la posant nettement. »

2. **La découverte de la science.** – La difficulté que rencontrent les interprètes de la Bible avec le *midrash* se complique d'une gêne grandissante vis-à-vis de certains

passages narratifs de la Bible et du Talmud. La *hagada* talmudique (« récit, conte ») et les récits bibliques miraculeux perdent leur puissance signifiante et deviennent opaques. Parce qu'une frontière presque solide sépare désormais le réel de l'imaginaire, certaines mises en scène bibliques et talmudiques heurtent de plein fouet les représentations. Cette mutation ne découle pas d'un processus d'évolution interne. Contrairement au privilège accordé au sens littéral, elle ne naît pas d'une mutation de la relation au texte. Le malaise ressenti vis-à-vis des textes narratifs de la Torah résulte de la rencontre avec la science gréco-arabe. La réalité des images bibliques les mieux enracinées, comme la réalité « physique » de Dieu et de ses miracles, ainsi que des contes de la *hagada*, est contestée par le discours de la science.

Science et philosophie s'introduisent dans le judaïsme sur les talons de la théologie et de la philosophie musulmane. Elles commencent dans les foyers de culture judéo-arabe et se propagent dans les autres communautés par le biais de la traduction des textes en hébreu, principalement à partir du XII^e^ siècle. À quelques exceptions près, les auteurs juifs n'ont pas été des novateurs en matière philosophique. Ils ont rarement cultivé la philosophie pour elle-même. En revanche, ils ont été grandement interpellés par la puissance des modèles argumentatifs de la philosophie et par le clivage absolu qu'elle instaure entre le réel et l'imaginaire, en particulier dans la science aristotélicienne. Et leur affaire fut presque exclusivement de comprendre la Torah et de la justifier à la lumière d'une physique et d'une métaphysique, dont l'ontologie rigoureuse excluait toute modalité littéraire.

Globalement, le domaine prescriptif reste à l'écart de l'influence scientifique. Les procédures d'argumentations halakhiques, à la fois du point de vue logique et du point de vue existentiel, sont riches, originales et rigoureuses ; leur autonomie rationnelle est si évidente, et la philosophie gréco-arabe si totalement dépourvue de réflexion dans ce domaine, que seule une petite partie de l'éthique est captée par la science. La facture de la *hagada*, en revanche, est purement littéraire, simple trame narrative induisant un enseignement moral ou métaphysique. Or, même si elle est souvent intégrée au domaine prescriptif, elle s'encombre de références à la réalité difficiles à cerner ; par exemple, lorsqu'elle déploie les enjeux de la justice et de la providence divine ou bien lorsqu'elle met en scène des faits historiques. Du coup, elle se heurte aux postulats scientifiques qui contestent la possibilité ou la vraisemblance de ses affirmations.

Il en va de même des récits bibliques légendaires : création du monde, sortie d'Égypte, miracles, etc. Le postulat scientifique d'une nature stable et ordonnée, qui permet la constitution d'une science dotée des mêmes caractéristiques, repousse toute modification du cours habituel de la nature. En soi, le principe d'une stabilité du monde n'est pas étranger au Talmud, qui fixe que « le monde suit son cours habituel » et qu'il est « interdit d'agir dans le monde en espérant un miracle »[1]. Mais ce principe n'implique pas un caractère ontologiquement immuable de la nature. Il ne s'agit pas d'une description mais d'une prescription, exprimant l'interdiction de mettre à l'épreuve la volonté divine. Tandis que la grande affaire de la philosophie aristotélicienne est de constituer une physique reposant sur une nature éternelle. Du coup, tout ce qui échappe aux modalités

1. Cf. *Avoda Zara* 54b et *Yéroushalmi Youma* IV, 1.

ontologiques naturelles (création, prophétie, miracles) tombe dans l'imaginaire.

Cette situation offre globalement deux options contraires, qui divisèrent systématiquement le judaïsme médiéval et moderne. La première consiste à contester que l'unique régime de l'être soit la nature. Cette dernière n'est qu'une des dimensions du réel, la plus matérielle ; elle n'est que la partie inférieure et subordonnée d'un ordre cosmique et divin. C'est la voie suivie par la Kabbale, et avant elle le néoplatonisme grec dont elle hérite certains éléments. La seconde option consiste, autant qu'il est possible, à naturaliser la Torah et à faire coïncider le réel de la Torah et celui de la physique. C'est la voie suivie explicitement par Maïmonide et ceux que l'on nomme les « philosophes ».

3. **Philosophie et critique de la philosophie.** – En soi, l'appellation de « philosophes » est déplacée. Car les auteurs que l'on nomme ainsi ne se contentent pas d'accepter le modèle intellectuel et éthique de la nature, ils s'obligent aussi à satisfaire aux exigences de la tradition en laquelle ils ont foi. Et ils mêlent finalement les deux. Certes, la répartition nouvelle de l'imaginaire et du réel contraint le penseur ou l'interprète à subir la pression de deux exigences distinctes et parfois contraires. Mais, à ses yeux, il ne s'agit pas d'un compromis ni d'un pis-aller. L'œuvre la plus célèbre de la philosophie juive, le *Guide des égarés*, se justifie précisément par l'impossibilité d'échapper à ce dilemme :

« Soit il se laisse guider par sa raison et il rejette ce qu'il a appris de sa lecture de la Bible. Mais il croira alors avoir rejeté les fondements de la Torah. Ou bien il s'en tient à ce qu'il en a compris, sans écouter sa raison. Il aura alors tourné le dos à la raison et s'en sera éloigné, sachant avoir subi un dommage et une perte dans sa religion, persistant dans ces opinions imaginaires avec un sentiment de malaise et d'angoisse, de sorte qu'il ne cessera d'éprouver des souffrances dans le cœur et un grand tourment. »

Contrairement à ce que laisse entendre le titre français de l'ouvrage, seul « l'égaré » ou le perplexe, en proie à ce dilemme, est effectivement sain d'esprit et entier dans sa foi. C'est pourquoi la solution rationnelle de ce dilemme est aussi « la vraie foi » et « la connaissance de la Torah dans sa vérité ».

Car, pour Maïmonide et ses successeurs, la science n'est pas un obstacle à la foi. Elle est au contraire un révélateur. La foi monothéiste requiert l'unité profonde de la sagesse de la Torah et de celle de la nature. Il n'existe pas deux dieux : l'un qui aurait donné des lois à la nature et l'autre qui se serait révélé au Sinaï. Puisque la Torah affirme que le même Dieu a créé le monde dans sa totalité et a révélé sa Loi aux hommes, l'auteur du monde se dévoile autant dans la nature que dans la Torah, et ces deux enseignements doivent être conjugués.

Il en découle une alliance fondamentale de la rationalité aristotélicienne et de la tradition juive, caractéristique de la plupart des philosophes juifs de l'époque médiévale et de la Renaissance. Cette alliance, on l'a dit, ne concerne pratiquement pas le champ couvert par la *halakha*. Mais, pour Maïmonide et ses successeurs, elle concerne au premier chef les fondements mêmes de la Torah. La moitié des « Règles fondamentales de la Torah », consignées par Maïmonide au début du *Livre de la connaissance*, est construite avec les concepts de la physique et de la métaphysique gréco-arabe. Avec les successeurs de Maïmonide, dont l'un des plus importants fut rabbi Lévy ben Guershon (« Gersonide », Provence, 1288-1344), mathématicien, astronome, philosophe et médecin, l'engagement scientifique devient plus prononcé. Les discussions et les controverses purement philosophiques accompagnent et imprègnent de plus en plus l'exégèse biblique. Les notions traditionnelles – Dieu, le monde, l'homme, la providence, les miracles – sont l'enjeu d'un discours « scientifique », qui les soumet à ses propres lois et à ses propres réquisits.

Cette nouvelle configuration a suscité, en son temps, autant d'engouement que de rejet. À partir de cette époque se noue un conflit récurrent dans le judaïsme entre partisans et adversaires, non pas forcément de la science elle-même, mais de son introduction dans la tradition juive. À peine quelques années après la mort de Maïmonide, le *Guide des égarés* et le *Livre de la connaissance* sont interdits par les maîtres du judaïsme français (Baalé Hatossafot). Seule l'intervention de Na'hmanide, le maître du judaïsme espagnol, évita un déchirement grave entre les communautés du Nord et du Sud de la France. Na'hmanide est pourtant le représentant majeur du courant antiaristotélicien. Mais, tout en étant extrêmement virulent contre Aristote, il témoigne beaucoup de respect envers Maïmonide, quelles que soient les controverses qu'il entretient avec lui. Sa critique du judaïsme aristotélicien touche plusieurs problèmes. Elle concerne, avant tout, la tendance inhérente à la philosophie de « naturaliser » les éléments majeurs de la tradition et de traiter comme des métaphores ou des paraboles les récits dont la réalité est impossible selon les critères de la science aristotélicienne. L'exemple le plus fameux est la réduction de la prophétie à une simple vision intérieure de l'âme, dépourvue de toute réalité extérieure. Selon Maïmonide, lorsque Dieu ou un ange apparaissent à un prophète ou lui parlent, il ne s'agit pas d'un événement historique tangible, mais d'une perception imaginative intérieure à l'âme. En effet, la physique aristotélicienne suppose que matériel et immatériel sont des modalités contradictoires. Dieu et les anges étant des êtres immatériels, ils ne peuvent être perçus par les sens. Et puisqu'ils sont dépourvus d'organes corporels, ils ne peuvent parler. Certes, la voix de Dieu entendue au Sinaï par les Hébreux est bien un miracle, mais pas au sens où exceptionnellement Dieu se serait exprimé avec des mots ; car cela il ne le *peut* pas. « L'impossible a une nature stable », dit Maïmonide ; et sa loi s'applique aussi à Dieu. Lui non plus n'échappe pas à sa *nature* d'être immatériel. Cette voix divine était donc une réalité matérielle créée pour l'occasion. Et tout miracle est de cet ordre : il ne remet pas en cause l'impossible mais uniquement, ponctuellement, le cours habituel des choses, grâce à des possibilités cachées dans la nature, que le Créateur réalise à dessein en certaines occasions. Ainsi, les Hébreux n'entendirent pas « la voix de Dieu », car il n'en a pas. Ils perçurent un son continu imprimant en eux l'idée de la grandeur et de la perfection ultime[1].

Na'hmanide et son école récusent cette réduction, car ils refusent que les événements décrits par la Torah soient traités comme de simples phénomènes psychologiques ou comme des métaphores. Du coup, ils sont contraints aussi de récuser les fondements de l'aristotélisme, c'est-à-dire la contrariété absolue entre matériel et immatériel, et le partage de l'imaginaire et du réel qui en résulte. Pour que les miracles conservent leur dimension, il faut déborder le cadre de la science gréco-arabe et rendre possible une autre ontologie et une autre métaphysique.

1. Cf. *Guide des égarés* II, 33.

Pour certains, la science aristotélicienne elle-même est en cause ; pour d'autres, il ne s'agit que de la réévaluer dans un cadre métaphysique plus vaste, qui lui accorderait une place relative. Même pour les premiers, le rejet de la science aristotélicienne ne traduit pas un refus de la science comme telle, mais uniquement de son entêtement à ne considérer comme réalité physique que les corps matériels finis. Crescas, le critique le plus résolu d'Aristote, au XIVe siècle, est un philosophe au plein sens du terme, qui anticipe de plusieurs siècles les nouvelles théories physiques des temps modernes (espace vide infini, mondes multiples, déterminisme). Il découvre une physique et une ontologie nouvelles, d'inspiration géométrique, qui démultiplient l'espace des réalités possibles. Parallèlement, en critiquant les modèles herméneutiques clos de Maïmonide, il interprète l'ensemble de la tradition de manière à restituer une réalité aux récits bibliques et hagadiques.

4. **La Kabbale.** – L'autre courant doctrinal majeur du judaïsme médiéval est la Kabbale. Son nom signifie simplement « tradition », « enseignement reçu ». La Kabbale n'est pas réductible à l'antiphilosophie. Son origine est complexe et ne sera probablement jamais résolue. Le plus ancien texte que l'on peut considérer comme kabbalistique est le *Séfer Yétsira* (« Livre de la création »). On ignore l'époque de sa rédaction, que certains situent entre le IIIe et le VIe siècle de notre ère. Il commence à se diffuser à partir du Xe siècle accompagné de commentaires d'inspiration purement philosophique (Saadia Gaon, Dunash ben Tamim). Le thème fondamental de cet opuscule de quelques pages est que le monde a été créé à partir des 22 lettres de l'alphabet hébraïque et de dix « nombres-abîmes »

*(sefirot bélima)*. La structure et certains thèmes centraux de la Kabbale s'y trouvent déjà : la puissance créatrice de l'alphabet, les dix *sefirot* dont l'origine est infinie, les « 32 sentiers merveilleux de sagesse », etc. Il est caractéristique que le premier ouvrage philosophique de Saadia Gaon soit un commentaire sur ce traité. Car celui-ci représente, précisément, une alternative radicale à la science physique, fondamentale dans le débat sur la création du monde. Point de nature éternelle, mais des lettres et des nombres ; point d'entités substantielles, mais de l'écriture ; au lieu de la matérialité épaisse des choses, un monde-livre. À partir des lettres et des « nombres-abîmes » *(sefirot bélima)*, le *Séfer Yétsira* produit une sorte d'ontologie de la littéralité dans laquelle la langue touche directement au réel. Toute la structure de l'univers repose sur une morphologie primitive engendrée par les lettres : depuis les constellations célestes jusqu'aux organes du corps humain, la mesure du temps et le nombre des éléments matériels. Cette alternative à la physique a permis aux kabbalistes de nouer une relation, à la fois profonde, secrète et ambiguë, avec l'autre courant de la philosophie grecque : le pythagorisme et le platonisme.

Le second ouvrage historiquement fondamental est le *Séfer Ha-Bahir* (« Livre de la clarté »), écrit vers la fin du XIIe siècle, probablement dans le Languedoc. Indépendant du *Séfer Yétsira*, il ajoute à l'ontologie pure un réseau symbolique rigoureux, tissé méthodiquement dans la trame des versets bibliques, qui rapporte les énoncés de la Torah aux composantes du monde divin. Les *sefirot* anonymes du *Séfer Yétsira* acquièrent ainsi des noms bibliques. La Torah devient le miroir de l'univers spirituel et matériel, dont elle recèle tous les secrets. L'enseignement exotérique des préceptes se double d'un enseignement ésotérique de la vraie science et de la vraie foi.

Cette œuvre originale prend le contre-pied du courant littéraliste et réinvente le style du *midrash* sous une forme nouvelle. Elle donne une importance décisive aux noms bibliques, et la métaphore devient le modèle pédagogique par excellence. Mais il ne s'agit pas d'un retour au *midrash* de la Torah orale. La symbiose du sage et de l'enseignement est finie. Le *Séfer Ha-Bahir* repose sur un modèle d'écriture cryptée dont la lecture est un déchiffrement. L'interprétation vise la structure symbolique allusive dans le texte. Elle consiste à repérer les indices d'une terminologie souple exprimant les dimensions du monde divin et à reconstituer, à travers la trame narrative du *midrash* et de la *hagada*, les événements qui structurent l'histoire commune de Dieu et des hommes. Non seulement le *midrash* ancien est revisité, mais cette forme littéraire devient une matrice extrêmement féconde, qui culmine dans l'écriture de l'œuvre maîtresse du judaïsme espagnol : le *Zohar*.

À partir du XIII^e^ siècle, la Kabbale se développe en Provence et en Espagne, elle passe ensuite en Italie, en Allemagne, en Afrique du Nord. Pour certains auteurs, assez marginaux, l'ontologie immédiate des lettres et des *sefirot* est comprise dans un sens presque matériel et donne lieu à une forme de magie. C'est principalement cette signification du terme Kabbale que l'Occident chrétien a retenue. Mais, pour les œuvres majeures de la Kabbale, le réel dont il s'agit est, purement et simplement, le réel de Dieu. Et la pratique qui en découle n'est pas magique mais théurgique, comme l'a bien montré C. Mopsik. Car la Kabbale est un enseignement de la Torah, elle est donc associée étroitement au culte et à l'accomplissement des préceptes ; elle se donne comme une tâche à accomplir. Cette tâche consiste à ajouter une dimension spirituelle à l'aspect purement existentiel et psychologique des commandements. Grâce à elle, le fidèle participe directement de la vie divine. La particularité de la Kabbale, qui est le véritable enjeu de conflit avec les philosophes, est qu'il n'existe pas de partage absolu entre Dieu et le monde. Le monde est un prolongement et une « expression » de la divinité. Les *sefirot* qui agissent dans le monde, en tant qu'organes de la providence divine, sont aussi immédiatement la « structure de la divinité » elle-même *(Maarékhet ha-Elohout)*, titre d'un ouvrage anonyme célèbre du XIVe siècle. Un lien d'émanation continu relie l'Infini primordial et l'univers sensible, à travers les dix *sefirot*, selon un texte célèbre de rabbi Azriel de Gérone (*Portique du questionneur*, 3) :

> « L'Infini est perfection sans défaut, et si tu prétends qu'il recèle une puissance illimitée mais pas une puissance contenue dans la limite, tu amoindris sa perfection [...] il nous faut donc reconnaître nécessairement qu'il recèle une puissance contenue dans la limite, qui est illimitée. L'être dérivant originellement de lui sont les *sefirot* [...] Les créatures obéissent à un ordre, le soleil le jour, la lune et les étoiles la nuit. Selon cet ordre, elles perdurent, selon cet ordre elles s'annulent et selon cet ordre elles se renouvellent. Cet ordre selon lequel elles perdurent et s'annulent est appelé *"sefirot"* ; elles sont la puissance de toute réalité définie par le domaine du nombre *(mispar)*. »

Or, l'émanation n'est pas un processus naturel ou mécanique. L'humanité, véritable microcosme, est le canal par lequel cette émanation continue peut se déployer dans ses ultimes conséquences. Selon que les hommes agissent bien ou mal, celle-ci se réalise ou, au contraire, s'interrompt. L'enseignement exotérique et ésotérique de la Torah est donc la méthode pour réunir l'univers à lui-même, à travers la structure de la divinité qu'il exprime. Mais, puisqu'il n'existe pas de séparation « réelle » entre Dieu et le monde, l'étude et la pratique de la Torah sont aussi le moyen de réunir Dieu à lui-même. Telle est l'orientation fondamentale du *Zohar* (« Livre de la splendeur »), écrit à la fin du XIIIe siècle, probablement par rabbi Moïse de Léon (1240-1305), et qui se propose comme l'enseignement de rabbi Siméon bar Yo'haï (IIe siècle). Conçu sous la forme d'un *midrash*, il interprète l'histoire biblique comme une relation secrète de la vie divine. Il décrit ainsi les degrés de manifestation de la divinité, perçus comme des réalités vivantes et parfois personnelles, à travers les grandes figures et les événements de la Bible.

5. **Messianisme et 'Hassidout.** – Pendant toute l'époque médiévale, Kabbale et philosophie sont en concurrence égale. À Safed *(Tsfat)*, au XVIe siècle, la Kabbale connut un tournant décisif, qui lui accorda pour trois siècles la prépondérance intellectuelle dans l'ensemble de la Diaspora. Le centre intellectuel de Safed, versé à la fois dans la *halakha* et la Kabbale, accueillit les exilés porteurs des traditions espagnoles, tel rabbi Joseph Caro, l'auteur du *Choulkhan Aroukh*. Dans son recueil des lois du judaïsme, celui-ci introduit un petit nombre de pratiques dérivées de la Kabbale et en répand ainsi l'usage dans toute la Diaspora. Lui-même mystique passionné, il entretenait un dialogue nocturne avec son mentor angélique, une entité céleste représentant la *Mishna*, dont la voix s'exprimait par sa propre gorge. Le *Maguid Mésharim*, sorte de journal dans lequel il consignait scrupuleusement ce dialogue, resta cependant peu connu. C'est surtout avec l'enseignement de rabbi Isaac Louria (*Ari* « lion », 1534-1572) que la Kabbale

s'imposa comme une doctrine à la fois théorique et pratique, distincte de la *halakha*. Jusque-là cantonnée à quelques rites particuliers et à certaines formes ascétiques, la notion de « réparation » *(tikoun)*, au cœur de la nouvelle Kabbale, est devenue une pensée théorico-pratique décisive, liée à l'idéal messianique. Désormais, il n'incombe pas seulement au juif de respecter les commandements de la Torah, il lui incombe, activement, de faire venir le Messie, en réparant les désordres engendrés originellement dans la structure de la divinité et dans le monde matériel. La fin de l'exil en dépend, ainsi que la fin de l'histoire et l'accomplissement du cosmos entier. Cette pression psychologique immense n'eut pas que des conséquences heureuses. Elle fut l'origine de l'extraordinaire diffusion du mouvement sabbatéen au XVII^e^ siècle. Inspiré par Sabbataï Tsevi (Turquie, 1626-1676), faux messie et apostat, ce mouvement ébranla en profondeur les communautés juives. Une idée nouvelle, bizarre à tous égards dans le paysage intellectuel juif, se frayait un chemin dans les esprits : l'idée que la rédemption ne viendrait que lorsque les forces du mal seraient réparées et « retournées » en faveur du bien. Car la dynamique du mal est une réalité profonde, métaphysique, seule capable de créer certaines ouvertures indispensables dans l'histoire de Dieu et des hommes, et qui, à ce titre, doit être « sauvée ». Cette idée traverse l'époque moderne et contemporaine, elle explique la naissance de la 'Hassidout et sous-tend l'engagement d'une partie du judaïsme religieux dans le sionisme, aux côtés des laïcs. Alors que, jusqu'en 1948 pour certains, et jusqu'à aujourd'hui pour d'autres, les représentants du judaïsme dit « orthodoxe » sont farouchement opposés au sionisme, rav Abraham Isaac Kook (Biélorussie-Israël, 1865-1935), inspiré par la Kabbale de Louria, a vu au contraire dans le sionisme le début d'un processus messianique.

La 'Hassidout est, à son tour, une manière de réaliser contextuellement l'idéal du roi Messie, détaché en ce monde pour sauver les âmes et restaurer l'unité entre Dieu et les hommes. Elle est née de l'enseignement et de l'exemple de rabbi Israël ben Eliezer (Ukraine, 1698-1760), surnommé le Baal Shem Tov (« Maître du bon nom »). Homme du peuple, éloigné de la formation des élites de son temps, c'est un faiseur de miracles entouré de légendes. Son rayonnement et son élévation spirituels en firent un personnage hors du commun et le maître d'érudits éminents. Enraciné dans la culture populaire de son temps, imprégné de Kabbale et même de magie, son enseignement était oral et direct. Loin de toute érudition, la vie de la Torah est une aventure humaine personnelle. Pour lui, et pour ses disciples qui répandirent son enseignement dans le monde ashkénaze, seul compte le « vécu » du juste, dont le rayonnement inspire l'âme de ses auditeurs. Tous ces principes sont inspirés de la Kabbale ; en particulier le premier d'entre eux validant la culture populaire alors que l'idée qu'un ignorant soit juste et pieux est une contradiction dans les termes pour le Talmud. Le Juste doit « descendre » au niveau du peuple, frayer avec lui dans ses conversations et ses problèmes ordinaires, et sauver les étincelles de sainteté et de bonté qui s'y trouvent, en les réunissant à la vie divine à travers sa personne. Ainsi se propagèrent les centres d'enseignement de la 'Hassidout, fondés sur le rayonnement personnel d'hommes exceptionnels qui se présentent comme les guides de leur génération. L'élévation sociale et métaphysique extrême du « Juste », véritable vecteur de la présence divine, dont l'autorité est entièrement fondée sur le caractère personnel, et la valorisation de la culture populaire ne pouvaient que choquer à la fois les maîtres du judaïsme attachés à la longue histoire de la *halakha* et de ses procédures textuelles, et les partisans d'un judaïsme « éclairé » inspirés par l'exemple philosophique de Mendelssohn.

Ce judaïsme « romantique » n'était pourtant pas révolutionnaire. Il obéissait à la loi du *Choulkhan Aroukh*, parfois plus rigoureusement que les dirigeants « officiels » des communautés, prisonniers d'inévitables compromissions. Et son aspect « anarchique » n'a duré qu'un temps. Une fois constituée, la voie de communication sociale et métaphysique traversant la personne du Juste se transmet de façon héréditaire. Un nouveau principe dynastique était né. À travers lui, les communautés 'hassidiques se perpétuèrent, en continuant à vivre en fonction des codes qui composaient l'existence juive aux XVIIIe et XIXe siècles, jusqu'à ce que la violence nazie les décime. Les communautés survivantes se sont reformées aux États-Unis et en Israël.

## III. – Émiettement et synthèse de la *halakha* à l'époque moderne

L'histoire de la *halakha* aux temps des A'haronim est en partie dépendante des problèmes évoqués plus haut. En particulier, la disparition du *midrash* accentue l'inclination de la pensée juridique et existentielle du Talmud et des Rishonim du côté conceptuel. Mais elle suit aussi son histoire particulière, prise dans la concurrence entre l'étude libérale et le poids des traditions.

1. **Les synthèses de la Loi.** – L'écriture des sommes halakhiques ne s'est pas achevée avec le *Mishné Torah*

de Maïmonide ; elle a été relancée, au contraire, auprès des courants qui lui étaient le plus opposés. En effet, la profusion et la complication engendrées par les extensions du texte talmudique conduisirent aussi les héritiers des Baalé Hatossafot à rédiger des conclusions ordonnées, synthèse des conséquences pratiques de ces interprétations. Ces synthèses assumèrent le rôle d'arbitre entre les interprétations, mais sans, toutefois, prétendre se substituer à l'océan croissant des textes de réflexion halakhique. Rabbénou Asher ben Ye'hiel rédigea ainsi un commentaire synthétique sur l'ensemble des traités de la *Gemara*. Son fils, rabbi Yaakov Ben Asher (Allemagne, 1270-1340), recueillit et confronta les décisions et les conclusions des principaux exégètes de son temps, y compris celles de Maïmonide, dans les *Arbaa Tourim*. Loin de réunir la totalité de la tradition orale, l'ouvrage ne traite que des pratiques encore actuelles pendant l'exil. Sa structure servit de base à la rédaction du *Choulkhan Aroukh* au XVI^e^ siècle.

Après avoir rédigé un commentaire étendu des *Arbaa Tourim* (intitulé *Beit Yossef*), analysant les arguments et les controverses qui les sous-tendent, rabbi Joseph Caro (Espagne-Israël, 1488-1575) entreprit d'écrire un manuel des règles de vie juive. Conçu comme la somme du judaïsme espagnol, le *Choulkhan Aroukh* est le résultat de la confrontation systématique des trois grands décisionnaires de l'époque médiévale : Rif, Maïmonide et Rosh. Se conformant au modèle d'un tribunal, il trancha la *halakha* à la majorité des avis. Dans le style concis de Maïmonide, le *Choulkhan Aroukh* expose avec détail l'ensemble des règles de vie de l'époque exilique. Synthèse de conclusions pratiques, dépourvue de toute argumentation, la « Table dressée » est rédigée pour être immédiatement consommée.

2. **Les voies du judaïsme ashkénaze.** – Le point central, cependant, qui était de fournir une loi commune à l'ensemble de la Diaspora, ne satisfaisait pas le nouveau judaïsme ashkénaze. Après les expulsions d'Europe de l'Ouest entre le XIVe et le XVIe siècle, le judaïsme européen s'est progressivement déplacé vers la Pologne, la Biélorussie et l'Ukraine. Fort de ses propres coutumes, celui-ci s'était doté d'une tradition indépendante fondée sur les décisionnaires postérieurs aux Baalé Hatossafot. C'est donc uniquement grâce aux ajouts et aux amendements de rabbi Moïse Isserlès (« Remo », Pologne, 1520-1572) que le *Choulkhan Aroukh* fut accepté en Europe.

La dépendance à l'égard de la coutume n'est pas particulière au judaïsme ashkénaze. L'attachement aux configurations historiques et sociales locales est symptomatique de l'évolution de la *halakha*, à la même époque, dans l'ensemble de la diaspora. La *halakha* se concentre dans la pratique juridique des décisionnaires et des juges. Le judaïsme séfarade en a conservé longtemps les caractéristiques. Mais, en Europe, la réflexion théorique et l'étude pure demeurent vivaces. En sorte que se développent parallèlement deux sortes d'études talmudiques. Il suffit, à cet égard, de comparer les écrits de deux contemporains, par ailleurs liés d'amitié : rabbi Salomon Louria (« Maharshal », Pologne-Lituanie, 1510-1574) et rabbi Moïse Isserlès (« Remo »). Alors que le premier se fait fort de prolonger la voie des Rishonim, en particulier celle des Baalé Hatossafot, fondée sur l'étude pure et sans tenir compte des traditions locales, le second s'appuie principalement sur les textes des décisionnaires ashkénazes et sur les pratiques reçues. Tous deux sont à la fois des exégètes et des décisionnaires : leurs textes font loi. Mais le premier fonde la loi sur une longue argumentation enracinée dans le

Talmud et les Rishonim, le second délaisse les sources et argumente directement d'après l'avis des décisionnaires tardifs. Le premier construit une réflexion originale, le second arbitre entre les conclusions les plus récentes. Le premier cultive une étude approfondie, naturellement fragmentaire et incomplète ; le second se limite volontairement aux éléments les plus directs de la *halakha* et peut envelopper ainsi l'ensemble de la pratique juive.

Les penseurs et les décisionnaires les plus originaux appartiennent à la première voie, en particulier rabbi 'Haïm Soloveitchik (Biélorussie, 1853-1918), fondateur de l'école de Brisk, et rabbi Abraham Yeshayahou Karelitz (« 'Hazon Ish », Biélorussie-Israël, 1878-1953). De façon caractéristique, l'œuvre écrite de rabbi 'Haïm Soloveitchik est construite sur le *Mishné Torah* de Maïmonide, ses contradictions apparentes et les controverses qu'il a suscitées. Entreprise d'exégèse pure, cette œuvre méthodique est fondée sur une démarche analytique proche de la rigueur d'une démonstration. Dans un autre esprit, l'œuvre du 'Hazon Ish est une discussion serrée de la *Gemara* et des Rishonim. Sa démarche consiste en un effort systématique pour fonder la loi sur l'opinion droite *(svara)* et l'évaluation rationnelle *(shikoul hadaat)*.

À l'inverse, rabbi Moïse Isserlès (« Remo ») suivit un chemin parallèle à rabbi Joseph Caro. Il écrivit d'abord un commentaire des *Arbaa Tourim*, le *Darkei Moshé*, qui est en même temps une critique de l'explication de rabbi Joseph Caro. Il condensa cette critique et en recueillit les conséquences pratiques, qu'il ajouta au *Choulkhan Aroukh*. Il intitula cette mise au point *Hamapa*, la « Nappe » qui doit recouvrir la « Table dressée ». Ainsi complété, le *Choulkhan Aroukh* devint l'ouvrage de référence en matière de pratiques pour un grand nombre de communautés. Il suscita, du coup, une masse considérable de commentaires, d'explications et de précisions. Les plus célèbres sont les commentaires et les éclaircissements de rabbi David ha-Levi Segal (Pologne, 1586-1667), surnommé le « Taz », abréviation de son œuvre *Turei Zahav* ; rabbi Abraham Abele Gombiner (Pologne, 1633-1683), auteur du *Magen Avraham* ; rabbi Sabbatai ben Meir ha-Kohen (Biélorussie, 1621-1662), surnommé le « Shakh », abréviation de son œuvre *Sifté Kohen*. Le commentaire le plus fréquenté aujourd'hui est le *Mishna Beroura*, écrit par rabbi Israël Meir Hakohen (ou Meir Kagan, Biélorussie, 1838-1933), connu sous le nom 'Hafetz 'Haïm (« Désir de vie ») qui est le titre de son premier ouvrage, traitant des lois de la médisance.

3. **Loi uniforme et dispositif obligatoire.** – À travers l'ensemble littéraire de plus en plus vaste constitué par le *Choulkhan Aroukh* et ses amendements et commentaires, la notion de *halakha* se transforme. Plutôt que de conduire un mode de vie réglé par un enracinement existentiel dans l'étude réfléchie et une distribution intelligente des niveaux d'obligation ou de devoir entre les diverses sortes de pratiques, celle-ci finit par désigner presque exclusivement un ensemble de dispositifs obligatoires définissant une fois pour toutes le mode de vie juif dans tous ses détails, sans rapport à la vocation pour l'étude et sans distinction de niveaux. Le travail de pensée et d'écriture fondé sur la simple articulation de conclusions, le désir d'obtenir une tradition homogène orientèrent la réflexion sur la pratique vers l'idée d'un modèle unique et universel de comportements, de gestes, d'attitudes, de plus en plus précis et pointilleux à mesure que se développait cette posture.

En soi, le modèle n'est pas nouveau. Mais il caractérisait jusqu'alors l'attitude de l'ignorant qui n'a pas accès à l'étude et n'en connaît que les conclusions données par les érudits. En outre, les textes ainsi produits ne servent pas uniquement aux juges, comme le souhaitait rabbi Joseph ibn Migash. Ils représentent, pour une large partie des élites, une relation intellectuelle nouvelle à la tradition. Ce qui provoqua une divergence fondamentale, quoique souvent implicite, avec l'autre modèle décrit plus haut. La controverse est parfois publique, comme dans cet extrait du *Derekh 'Haïm* (VI, 7) de rabbi Juda Loew Betsalel (« Maharal de Prague », Tchécoslovaquie, 1512-1609) :

> « On a inventé une voie si courte ces temps-ci que la "table est dressée" directement devant l'homme. Ils déclarent : Voici la table qui se tient devant Dieu, petits et grands y sont invités, "le riche n'est pas différent du pauvre" (Job XXXIV, 19), tous méritent de partager la table céleste ! Ignorant toute raison et toute opinion droite, on y fixe la *halakha* telle qu'elle sortirait de la *Mishna* [...] sans passer par l'étude, alors que celle-ci est le fondement de la Torah. »

Quoi qu'il en soit, le principe d'une loi uniforme, constituée de dispositifs obligatoires universels, est porté par une lame de fond dont les effets sont massifs aujourd'hui, et qui a fini par emporter aussi les traditions séfarades. Car la recherche d'une homogénéité des pratiques et des mœurs est fondamentale dans le judaïsme. C'est l'une des raisons de l'institution biblique du Sanhédrin, dont la fonction était d'unifier la loi et d'éviter que les controverses entre les courants ne dégénèrent en disputes politiques et en conflits sociaux. Les décisionnaires, qui prirent à cœur le projet d'unifier les pratiques du judaïsme, se situent explicitement dans le prolongement de l'entreprise du Sanhédrin.

Toutefois, au niveau du Talmud, la volonté d'unifier les mœurs restait toujours prudente et mesurée. Nombreuses sont les attestations de la *Gemara* selon lesquelles les coutumes locales restaient en vigueur même lorsqu'elles étaient en contradiction avec les arrêtés du Sanhédrin, et cette attitude est confirmée par les Rishonim[1]. En effet, une coutume n'est digne de ce nom que si elle est fondée sur une tradition orale ou écrite. En sorte que les divergences entre les mœurs proviennent, en général, d'une controverse originelle entre les sages ou entre les exégètes. Seules, en fait, étaient ouvertement combattues les mœurs et les coutumes reposant sur des erreurs manifestes ou impliquant une transgression. La même politique prévalut, en général, chez les Rishonim. Dans l'introduction au *Mishné Torah*, la position de Maïmonide sur ce sujet est radicale : la seule tradition que les juifs aient acceptée universellement, et qu'ils sont donc contraints de respecter de façon à peu près homogène, est le Talmud. En revanche, toutes les coutumes, institutions, décrets, etc. postérieurs au Talmud n'ont qu'une autorité locale :

> « On n'oblige pas les gens de telle région à adopter les usages d'une autre région ; et on n'exige pas d'un tribunal qu'il décrète ce qu'un autre tribunal de sa région a décrété. De même, si l'un des Geonim enseigne que telle est la voie de la loi, mais qu'il est clair pour un tribunal postérieur que la voie de la loi enseignée par le Talmud n'est pas celle-là, on n'obéit pas au plus ancien mais à l'avis qui semble le plus convaincant, qu'il soit ancien ou récent. »

Dans cette optique, le dispositif qui se met en place pour homogénéiser les pratiques et les mœurs est donc

1. Cf. *Érouvïn* 6b ; *Pessa'him* 50a ; *Yévamot* 14a ; *'Houlïn* 49b ; Rashba, *Shéélot vé-Téshouvot* I, 98 et II, 268.

excessif. En réalité, il résulte historiquement de la structure politique particulière du judaïsme ashkénaze. Pendant près de deux siècles, de 1580 à 1764, toutes les communautés juives de Pologne, et de Lituanie jusqu'en 1623, sont dirigées par un conseil unique d'une trentaine de membres. Le Conseil des Quatre-Pays *(Vaad Arba Aratsot)*, reconnu par le roi de Pologne, dirige la vie économique, sociale, juridique et spirituelle des Juifs comme un État autonome. Ce conseil décida, par exemple, que, parmi les commentaires du *Choulkhan Aroukh* évoqués plus haut, l'autorité du *Turei Zahav* est supérieure à celle du *Sifté Kohen*. Ce privilège fut contesté par la suite. Mais, depuis ce moment, le modèle d'une autorité unique hante nombre de décisionnaires et d'exégètes ashkénazes ; inconsciemment, il sous-tend les représentations sociales courantes, comme la figure contemporaine du Gadol Hador (« Chef de la génération »).

## ÉPOQUE CONTEMPORAINE

L'époque contemporaine est le résultat de l'éclatement de la tradition dans ses différentes composantes. 'Hassidim, Mitnaguedim, Maskilim, mouvement du Moussar : les principaux courants du judaïsme sont là mais irrémédiablement divisés.

Les courants spirituels qui prirent en charge l'héritage de la *hagada* sont en conflit ouvert. Entre Kabbale, messianisme et philosophie, malgré quelques tentatives, il n'existe pas de langue commune. Littéralement, comme les derniers siècles le confirment à l'excès, leurs partisans ne « s'entendent » pas. Ces heurts produisirent des fractures de plus en plus profondes entre les composantes du judaïsme, tiraillées entre science et philosophie, Kabbale, modes de vie traditionnels, émancipation politique et culture moderne.

À l'opposé, la *halakha* est un univers de textes structuré, doté d'une forte histoire interne, qui ne s'est jamais démentie ni interrompue. Pensée autonome, elle est régie par ses propres règles et ses propres représentations, et dispose de procédures de discussions et de décisions entre les opinions. Même lorsque les controverses affectent les organes de décisions, ce qui est chose fréquente, et qu'il en résulte des conflits idéologiques, il ne s'ensuit pas forcément une incompréhension radicale entre les parties. Pourtant, la déchirure fut encore plus profonde à ce niveau. En effet, c'est principalement à partir de la *halakha* que s'est posée la question des rapports entre religion et société qui a fait éclater la société juive. Le problème des structures politiques du judaïsme, c'est-à-dire l'étendue et la forme de l'autorité et du pouvoir de la Torah, domine ouvertement l'ensemble de la culture depuis la fin du XVIIIe siècle.

Au sein du judaïsme, il découle de la difficile question de l'autorité des maîtres. Hors de la transmission, celle-ci n'a pas réellement d'appui. Or, on l'a vu, la transmission s'opère mal, et elle est de moins en moins reconnue au sein du peuple et des élites. Ce qui conduit parfois à l'institution d'organismes plus ou moins officiels, et même de partis politiques, qui accaparent la difficulté sans la résoudre. Cette situation se conjugue, à l'extérieur, avec l'évolution des sociétés européennes vers une égalité civique incluant aussi les populations juives. Dans cette configuration, la position sociale et politique des maîtres est encore plus précaire. Cette combinaison a conduit le judaïsme à son éclatement. Le premier témoignage de cette dissolution est fourni par le mouvement qui, précisément, prétendit remplacer complètement les maîtres du judaïsme en s'ouvrant à la culture européenne.

1. **Haskala : le judaïsme éclairé.** – Le parti des Maskilim est né au XVIIIe siècle, dans la mouvance de la timide ouverture de la société chrétienne aux juifs et de la naissance d'un judaïsme philosophique en Allemagne, à travers l'œuvre de Moïse Mendelssohn (1729-1786). Malgré quelque apparence, les « Lumières juives » ont peu de rapport avec la philosophie médiévale. Ni les questions soulevées ni les enjeux ne sont les mêmes. Une simple comparaison entre les œuvres majeures

des auteurs les plus connus, le *Guide des égarés* de Maïmonide et la *Jérusalem* de Mendelssohn, montre que le problème de l'intelligentsia éclairée n'est pas celui de la science, de la métaphysique ou de la signification des Écritures, mais plutôt la modification des rapports traditionnels entre religion et société. Le souci fondamental de Mendelssohn est de séparer la société civile de la religion, afin de rendre possible, d'une part, la liberté de conscience au sein du judaïsme et, d'autre part, l'intégration des Juifs à la société allemande. Aucune autorité civile ou religieuse ne saurait légitimement imposer un culte, car la foi religieuse est de nature privée ; et l'État doit accueillir également tous les citoyens, quelle que soit leur « confession ». Défenseur des Lumières, profondément engagé dans le processus politique et social de l'émancipation des Juifs, Mendelssohn est à la fois l'avocat des Juifs et du judaïsme face à l'Europe éclairée, et le propagateur de la culture et de la langue allemandes dans les milieux juifs. Cette double posture, à la fois européenne et juive, est caractéristique de ses successeurs, tel Isaac Baer Levinsohn (Russie, 1788-1860). Mais l'équilibre visé n'est pas un point stable, et bientôt la ligne de fracture réapparaît sous d'autres traits. La texture propre au judaïsme s'efface devant le principe d'une relecture globale de la tradition juive éclairée uniquement par les canons de la culture européenne moderne. La science historique naissante promettait d'explorer la tradition des peuples à travers une causalité exclusivement événementielle et contingente ; elle devint donc la pierre angulaire de la *Wissenschaft des Judentums* (« science du judaïsme »). Dans cette mouvance sont nés les courants réformateurs et laïcs des XIX^e^ et XX^e^ siècles. Commencée en Allemagne, la modernisation des Juifs s'étend au reste de l'Europe occidentale et orientale, puis à une partie de l'Afrique du Nord et des pays musulmans, conséquence de la politique de colonisation de la France et de l'Angleterre.

Du point de vue de l'érudition, le travail accompli fut immense ; il se poursuit aujourd'hui dans de nombreuses universités en Europe, aux États-Unis, en Israël. Mais la fracture est là : la science du judaïsme est massivement coupée de l'étude traditionnelle et du vécu du judaïsme. Son objet comme sa pratique restent théoriques. Du point de vue social, volontairement ou non, la modernisation des Juifs conduisait d'abord à leur assimilation. Assumant la mort du judaïsme, l'œuvre de la science nouvelle consistait à lui « offrir un enterrement décent », selon le mot de M. Steinschneider à la fin du XIXe siècle. À long terme, la laïcisation de l'histoire juive a fourni la base du sionisme. Le refus du vécu de la tradition juive a permis de substituer une histoire politique à l'antique histoire de l'alliance. Du coup, les Juifs devenaient une nation pourvue d'une légitimité historique et territoriale à l'égal des autres peuples, entièrement dicible dans la langue des nationalités.

La *Wissenschaft des Judentums* n'est qu'une partie d'un phénomène plus vaste. Pendant plus d'un siècle, le « juif de savoir » occupa une place exceptionnelle dans la culture européenne. Sa participation à l'édification des sciences fut considérable dans tous les domaines. Nombre de ces savants, érudits ou philosophes, ne se considéraient plus comme juifs, sinon à titre contingent. Le fait que Husserl et Benveniste fussent « d'origine juive » n'a aucun impact sur leur pensée. Mais pour d'autres, la question d'un éventuel rapport entre leur œuvre et l'univers du judaïsme reste ouverte. Il n'est pas indifférent que les fondateurs de la psychanalyse et de la sociologie étaient juifs. L'idée que la psychanalyse est une histoire juive peut conduire loin, mais, à ce jour, nul n'en a balisé sérieusement la voie.

Quoi qu'il en soit, la formation d'une nouvelle élite juive, concurrente des élites traditionnelles, restait tributaire de l'accueil des sociétés européennes. Le génocide nazi mit un terme définitif à cette prétention.

2. **Modèles politiques du judaïsme ashkénaze.** – Du côté des adversaires de la Haskala, le problème politique des rapports entre Torah et société n'empoisonne pas moins la culture. Même une fois dissout le Conseil des Quatre-Pays, la nostalgie de l'autorité et d'une cohésion communautaire resta forte dans le monde ashkénaze, et explique en partie la violence des conflits entre 'Hassidim et Mitnaguedim. L'autoritarisme des Mitnaguedim (adversaires de la 'Hassidout) résulte du désir de rassembler l'ensemble du peuple sous un dispositif obligatoire unique, reflétant la tradition des décisionnaires. Tandis que l'autonomie des cours 'hassidiques crée autant de brèches dans l'idéal d'uniformité. Chaque cour 'hassidique est une sorte d'aire géographique souveraine, comme aux temps talmudiques. Pourtant, il ne s'agit pas de la rémanence d'un modèle politique ancien, mais plutôt du retour, sous une forme inédite, de la personne du maître que l'écriture et la diffusion du Talmud avaient refoulée. Le Tsadik (« Juste ») ou le Rebbe est une figure charismatique absolument étrangère à la culture de la *halakha*. Mi-sage mi-prophète, souvent ancien prédicateur itinérant, il est entièrement voué au rapport vivant avec ses contemporains. Il occupe ainsi la place laissée vacante par le retrait de l'oralité, et en reflète les traits anciens. Les rapports entre maîtres et élèves sont circonscrits à un cercle défini et localisé, ils s'enracinent dans des sentiments

sociaux forts et originaux qui rompent la trame uniforme d'un enseignement textuel froid et universel. Le Rebbe est comme une figure échappée de l'époque du Talmud, mais qui aurait basculé de la *halakha* à la *hagada*. Il est un morceau de *hagada* vivant. Entouré d'une aura de mystère et de légende, sa seule présence contrarie les constructions subtiles de la *halakha*, et sa seule parole en renverse les conclusions. On comprend le désarroi et la colère des autres courants du judaïsme. Pour les Mitnaguedim et les Maskilim, la 'Hassidout ne peut être qu'une aberration. Elle contredit les fondements mêmes de l'argumentation discursive, qui est la base commune du Talmud et de la science européenne. Les Rebbe ne peuvent être que des fous ou des imposteurs.

Les dirigeants du judaïsme traditionnel, héritiers de la longue histoire de la *halakha*, réagirent de façon brutale à la diffusion du 'hassidisme. Hantés par le souvenir des faux messies Sabbataï Tsevi et Jacob Franck, habités par une culture élitiste associant savoir talmudique et autorité, ils se méfiaient de l'exaltation mystique et populaire. L'opposition la plus forte vint des Yeshivot de Lituanie et du plus illustre des maîtres de l'époque rabbi Eliyahou ben Shlomo Zalman (Lituanie, 1720-1797), surnommé le Gaon de Vilna. Celui-ci mit deux fois au ban les 'Hassidim, et interdit même tout mariage avec eux. Le rejet de la 'Hassidout était si violent que Mitnaguedim et Maskilim allèrent jusqu'à dénoncer les 'Hassidim aux autorités russes.

Dans la seconde moitié du XIXe siècle, le conflit entre 'Hassidim et Mitnaguedim s'estompa, et l'ensemble des partis orthodoxes fit cause commune face aux multiples courants sociaux et politiques novateurs : judaïsme réformé, sionisme, assimilation, socialisme. Les Juifs religieux se regroupèrent politiquement et fondèrent le parti *Agoudat Israël* en 1912, en Pologne. Cette alliance n'a été rompue que très récemment en Israël, avec la création de *Déguèl ha-Torah*, le parti des Yeshivot lituaniennes.

3. **La reconstitution du Sanhédrin.** – Les tentatives de réforme politique ne sont pas spécifiques au judaïsme ashkénaze. Le monde séfarade aussi est affecté par le désir lancinant de reconstituer une autorité juridique et spirituelle unique de l'ensemble des communautés juives. En 1538, dans l'entourage de rabbi Joseph Caro, une tentative fut faite à Safed pour instituer un Sanhédrin disposant de l'autorité d'autrefois. Il s'agissait de faire admettre à l'ensemble des sages de la terre d'Israël l'autorité d'un juge unique, lequel aurait pu alors instituer de nouveau l'ordination des juges *(semikha)* et, par ce biais, former un nouveau Sanhédrin. Le principe juridique est attesté par Maïmonide dans le *Mishné Torah* ; mais symptomatiquement, il en repousse aussitôt la réalité, déclarant celle-ci matériellement impossible pendant l'exil[1]. L'opération échoua du fait de l'opposition des dirigeants de Jérusalem qui n'acceptèrent pas la nomination de ce juge unique. On fit d'autres tentatives aux XIX^e^ et XX^e^ siècles, principalement en Israël. Tous ces projets avortèrent. Le plus récent (en 2004) s'appuie sur la réalité d'un État juif en Israël. Mais personne ne l'a pris au sérieux, pas même ceux qui le composent. L'ordination des juges *(semikha)*, censée leur procurer un nouveau pouvoir juridique et législatif, est presque sans effet dans une société laïque. Surtout, les nouveaux nommés

1. Cf. *Mishné Torah, Hilkhot Sanhédrin* IV, 11.

eux-mêmes se sentent incompétents dans cette tâche. Car l'instauration d'un Sanhédrin signifierait la relance d'une situation antérieure à la rédaction et à la diffusion du Talmud. Malgré les rodomontades et les agitations du petit personnel, l'idée d'une autorité centrale unique reste une aspiration, aussi essentielle et aussi ardue que la venue du Messie à laquelle elle est liée.

4. **Le rabbinat.** – La modification de la structure politico-religieuse en Europe de l'Ouest est d'un autre ordre. Elle ne résulte pas d'une démarche intellectuelle ou morale, ni d'un problème intérieur au judaïsme, mais des conséquences de la Révolution française de 1789. Le processus de centralisation administrative, juridique et politique de l'État moderne, renforcé à l'époque napoléonienne, tolère mal les communautés juives, enclaves idéologiques et juridiques à la vocation incertaine. Pour compléter l'unification du pays, Napoléon convoque un conseil de personnalités juives, baptisé « Grand Sanhédrin », qui entérine le nouveau code civil, abrogeant ainsi toute la jurisprudence juive et limitant l'espace collectif du judaïsme à la liturgie synagogale. Le rabbinat moderne voit le jour sous la tutelle administrative de l'État, et les communautés sont désormais encadrées par un corps de fonctionnaires imité du clergé chrétien. La tradition juive disparaît complètement en quelques générations. En 1914-1918, les Juifs français et allemands se massacrent réciproquement, sous la conduite de leurs rabbins, au nom de leurs nationalismes respectifs. Dans tous les pays dans lesquels la lutte pour l'émancipation et l'égalité des droits a été remportée, la culture juive s'est dissoute en quelques dizaines d'années. N'en déplaise, seuls les courants migratoires en provenance d'Europe de l'Est et d'Afrique du Nord

ont assuré une présence et une pérennité du judaïsme dans les pays d'Europe de l'Ouest.

5. **Le sionisme.** – Le mouvement politique le plus important et le plus conséquent fut le sionisme. Celui-ci est né de l'œuvre de Théodore Herzl (Autriche-Hongrie, 1860-1904), en réaction au caractère jugé inéluctable de l'antisémitisme, mis en lumière par l'affaire Dreyfus. Jusqu'à lui, le problème se posait sur le terrain de la religion et de la société : quelle place, quelle forme et quelle autorité pour la Torah au sein de la société juive ? Et quel mode de relation entretenir avec la société non juive ? Herzl et ses successeurs étaient nés au sein du judaïsme assimilé, ils en acceptèrent donc *a priori* les prémisses. Il était évident pour eux que la société juive n'est pas une société de Torah, et que la religion n'est qu'une affaire privée. Comme il était aussi évident que le peuple juif ne se différencie des autres que par sa position excentrique au sein de corps sociaux étrangers. La conclusion s'imposait : la nécessité d'un État propre aux Juifs.

La simplicité de la solution nationale n'a pas modifié l'équation initiale complexe. En fait, les difficultés internes de la société et de la culture juive se sont transportées en Israël. Quelles que soient les tentatives de réduction auxquelles se livrent les différents partis sociopolitiques qui dominent la vie du pays, le renouveau de la langue hébraïque et des études juives ont relancé tous azimuts les questions posées par la longue histoire du judaïsme de la Diaspora. Et nul ne sait ce qu'il en sortira.

6. **Moussar et *halakha*.** – Plutôt qu'une réforme interne des rapports entre religion et société, peut-être

impossible à mener en l'état du judaïsme, les Yeshivot ashkénazes traversèrent une réforme morale. Celle-ci résultait à la fois de l'acceptation d'une carence spirituelle démontrée par la diffusion rapide de la 'Hassidout, et d'une réaction à l'assimilation de plus en plus massive des populations juives. Dans la seconde moitié du XIXe siècle, sous la conduite de rabbi Israël Lipkin de Salant (ou « Salanter », 1810-1883), naquit le mouvement du Moussar. Le terme est tiré des Écritures, il exprime à la fois l'idée de châtiment, de réprimande et de morale. Ce mouvement s'inséra dans la brèche ouverte par l'uniformisation de la loi, qui se traduisait souvent par une pratique rigoureuse mais dépourvue de réflexion et de profondeur. Le principe de la réforme est la notion de « crainte de Dieu » tirée des Proverbes et des Psaumes. Son but est de restituer la psychologie profonde des commandements, en doublant leur pratique d'une mise à l'épreuve permanente de la véracité des pensées et des gestes du fidèle, grâce à un examen de conscience quotidien. Plusieurs écoles sont issues de ce mouvement, dont la plus connue en son temps fut la Yeshiva de Novardok (Biélorussie) qui donna aux valeurs morales la première place dans son enseignement.

Cette initiative se heurte jusqu'à aujourd'hui au mur de la *halakha*. Parfois pour de mauvaises raisons, car ses partisans n'épargnent pas les critiques à l'égard des mœurs des élites dirigeantes. Parfois pour des raisons profondes et incontournables, qui tiennent à la substance même de la loi dans le judaïsme. Les reproches virulents du 'Hazon Ish, représentant le courant le plus créatif et le plus investi dans l'étude du Talmud au XXe siècle, sont révélateurs des limites de ce genre de réforme. La prétention du Moussar de doubler la pratique des commandements d'un questionnement moral ne peut concerner que ceux qui ignorent les « raisons » et les « valeurs » de la Loi. Car, en soi, la réflexion de la *halakha*, pour ceux qui la vivent au quotidien comme le préconise le système même des Yeshivot lituaniennes, est déjà une réflexion sur la justice, la vérité et le bien. À terme, l'aspiration du Moussar conduit à substituer à la loi divine et à ses procédures intellectuelles, des valeurs psychologiques à la signification incertaine. Le sens de la « crainte » doit être examiné dans son rapport au savoir et à la sagesse de la Torah, car, selon les Écritures, celles-ci ne se séparent pas.

## LEXIQUE

**A'haronim** : maîtres de l'époque moderne.

**Amoraïm** : maîtres de l'époque de la *Gemara*.

***Gemara*** : complément de la *Mishna*, seconde partie du Talmud.

**Geonim** : maîtres des académies de Babylone entre le VII^e et le XI^e siècle.

***Hagada*** : récit, conte.

***Halakha*** : méthode d'élaboration de la loi.

**Haskala** : Lumières juives.

**'Hassidout** : mouvement spirituel et social du judaïsme ashkénaze au XVIII^e siècle.

**Kabbale** : tradition ésotérique.

**Maskilim** : intellectuels partisans des Lumières.

**Massorah** : tradition d'écriture et de lecture de la Bible.

***Mishna*** : base du Talmud, compilée au II^e siècle.

***Midrash*** : recueil d'interprétations de la Bible.

**Mitnaguedim** : adversaires de la 'Hassidout.

***Mitsvot*** : commandements, préceptes.

**Rav, rabbi** : maître, mon maître.

**Rebbe** : Rav en yiddish, maître 'hassidique.

**Rishonim** : maîtres de l'époque médiévale.

| | |
|---|---|
| **Sanhédrin** : | tribunal suprême. |
| ***Séder* de Pâque** : | mise en scène rituelle de la sortie d'Égypte. |
| **Talmud** : | compilation de la Torah orale achevée au VII^e siècle. |
| **Tanaïm** : | maîtres de l'époque de la *Mishna*. |
| **Torah** : | enseignement. |
| **Yeshivot** : | académies d'étude. |

# COMPLÉMENTS BIBLIOGRAPHIQUES

La traduction des œuvres hébraïques a beaucoup progressé en France au cours des vingt dernières années. De nombreux traités du Talmud, du *Midrash*, de philosophie et de Kabbale sont désormais disponibles en français, en particulier aux Éditions Verdier. Voici quelques ouvrages généraux qui permettent une approche globale de certains aspects du judaïsme :


Baumgarten J., *La Naissance du hassidisme. Mystique, rituel, société* (Albin Michel, 2005).

Bensussan G., *Qu'est-ce que la philosophie juive ?* (Desclée de Brouwer, 2004).

Milner J.-C., *Le Juif de savoir* (Grasset, 2006).

Mopsik C., *Cabale et cabalistes* (Albin Michel, 2003) ; *Les Grands Textes de la Cabale* (Verdier, 1993) ; *Chemins de la Cabale* (Éd. de l'Éclat, 2004).

Mosès S., *L'Ange de l'histoire*, 1992 (coll. « Folio », 2006).

Scholem G., *Le Messianisme juif. Essais sur la spiritualité du judaïsme* (Calmann-Lévy, 1974) ; *La Mystique juive* (Le Cerf, 1985) ; *Sabbataï Tsevi. Le messie mystique, 1626-1676* (Verdier, 1983).

Sirat C., *La Philosophie juive au Moyen Âge* (CNRS, 1983).

Touati C., *Prophètes, talmudistes, philosophes* (Le Cerf, 1990).

Yerushalmi Y. H., *Zakhor. Histoire juive et mémoire juive* (Gallimard, 1991).

TABLE DES MATIÈRES

Mis en pages et imprimé en France
par JOUVE
1, rue du Docteur Sauvé, 53100 Mayenne
janvier 2012 - N° 828172F

JOUVE est titulaire du label imprim'vert®